新时代统一战线知识

简明读本

《新时代统一战线知识简明读本》编写组
主编　张献生

華文出版社
SINO-CULTURE PRESS

图书在版编目（CIP）数据

新时代统一战线知识简明读本/《新时代统一战线知识简明读本》编写组著；张献生主编. —北京：华文出版社，2020.6（2025.1重印）

ISBN 978-7-5075-5089-4

Ⅰ. ①新… Ⅱ. ①新… ②张… Ⅲ. ①统一战线工作—中国 Ⅳ. ①D613

中国版本图书馆 CIP 数据核字（2019）第 047052 号

新时代统一战线知识简明读本

著　　者：《新时代统一战线知识简明读本》编写组
主　　编：张献生
责任编辑：雷　平
出版发行：华文出版社
地　　址：北京市西城区广外大街 305 号 8 区 2 号楼
邮政编码：100055
电　　话：总编室 010-58336239　发行部 010-58336270
责任编辑 010-58336254
经　　销：新华书店
印　　刷：三河市航远印刷有限公司
开　　本：710mm×1000mm　1/16
印　　张：15.75
字　　数：183 千字
版　　次：2020 年 6 月第 1 版
印　　次：2025 年 1 月第 7 次印刷
标准书号：ISBN 978-7-5075-5089-4
定　　价：58.00 元

统一战线是党的事业取得胜利的

重要法宝，必须长期坚持。

——习近平

目　　录

第一章 基础理论

一、统一战线

统一战线有广义、狭义之分。就广义而言，是指不同的社会政治力量在一定的历史条件下，为了实现一定的共同目标而建立的政治联盟或联合体。就狭义而言，是专指无产阶级及其政党以马克思主义理论为指导建立的统一战线，即无产阶级及其政党为了完成自己的历史使命，实现各个时期特定的战略目标和任务，团结本阶级各个阶层和政治派别，并同其他阶级、阶层、政党及一切可能团结的力量，在一定的共同目标下结成的政治联盟。这个统一战线有三个显著特点：一是无产阶级及其政党是统一战线的组织者和领导者；二是统一战线具有广泛的群众基础；三是统一战线是无产阶级政党的长期战略。

在我国，统一战线是指中国共产党在革命、建设和改革的不同历史时期，以马克思主义为指导建立的统一战线，主要包括：大革命时期建立的民主联合战线、土地革命战争时期建立的工农民主统一战线、抗日战争时期建立的抗日民族统一战线、解放战争和新中国成立后建立的人民民主统一战线、改革开放后建立的爱国统一战线。

1939 年，毛泽东在《共产党人》发刊词中指出，统一战线、武装斗争、党的建设，是中国共产党取得胜利的三个主要法宝。

二、马克思、恩格斯关于统一战线的基本观点

马克思、恩格斯在科学总结无产阶级革命斗争经验、批判地继承人类优秀文化思想成果的基础上，创立了科学社会主义。关于统一战线的思想观点，是科学社会主义的组成部分。主要内容包括：

1. 无产阶级只有解放全人类，才能最后解放自己，这是无产阶级统一战线的根本指导思想。

2. 无产阶级必须加强自身的团结统一。主要包括两个方面：一个是国家内无产阶级自身的团结和统一；一个是各国无产阶级之间的国际联合。

3. 无产阶级在革命进程中要努力同其他可以参加革命的阶级和社会力量结成联盟。必须联合农民和城市小资产阶级，在反对封建制度的斗争中，只要资产阶级采取革命行动，也要联合资产阶级。

4. 无产阶级政党在同其他阶级和政党联合行动时，必须坚持无产阶级的独立性，即无产阶级必须坚持对统一战线的领导权。

三、列宁关于统一战线的基本观点

列宁把马克思主义基本原理同俄国革命实践相结合，创建了世界上第一个社会主义国家，在无产阶级革命和无产阶级专政的实践中，丰富和发展了马克思主义的统一战线思想。主要内容

包括：

1. 无产阶级要尽最大的努力联合同盟军。有两种同盟军，一种是直接的，即尽可能地团结一切可以团结的力量；另一种是间接的，即充分利用敌人营垒中的一切矛盾。根据具体的环境和条件采取必要的妥协，是无产阶级及其政党争取同盟军的一条重要策略原则。

2. 无产阶级要掌握统一战线的领导权和建立工农联盟。无产阶级的领导权是民主革命彻底胜利以及统一战线取得成功的决定性条件和根本保证，而无产阶级要实现对民主革命的领导权，就必须建立工农联盟，在革命胜利后把巩固工农联盟作为无产阶级专政的最高原则。

3. 全世界无产者和被压迫民族联合起来，才能战胜帝国主义，才能使无产阶级和被压迫民族得到解放。

4. 建立党与非党的联盟。无产阶级专政是无产阶级同人数众多的非无产阶级的劳动阶层（小资产阶级、小业主、农民、知识分子等）或同他们中的大多数结成的特种形式的阶级联盟，共产党员和非党员结盟是绝对必要的，党同非党知识分子的联合是十分重要的。

5. 共产党与民主政党联合。苏维埃政权不只是无产阶级一个阶级的政权，必须吸收代表其他劳动阶级或阶层利益的政党参加。社会主义事业是千百万人民群众的事业，要最大限度地团结和调动群众，就必须对那些有一定群众基础和社会影响并愿意合作的政党采取团结的态度。

6. 通过国家资本主义对资产阶级进行和平赎买，巩固苏维埃政权和建立社会主义。

四、毛泽东统一战线思想

毛泽东在长期领导中国革命和建设事业中，把马列主义的统一战线原理与中国实际相结合，形成了一整套具有中国特色的统一战线理论和方针政策。主要包括：

1. 统一战线是中国革命和建设的一大法宝。统一战线、武装斗争、党的建设，是中国共产党在中国革命中战胜敌人的三个主要法宝。正确地理解了这三个问题及其相互关系，就等于正确地领导了全部中国革命。

2. 建立包括两个联盟在内的占全民族人口绝大多数的最广泛的统一战线。一个是工人阶级同农民阶级、广大知识分子及其他劳动者的联盟，即工农联盟，这是统一战线的基础；一个是工人阶级、农民阶级和全体劳动者同一切可以联合的非劳动者的联盟，这是建立在工农联盟基础上的、更广泛的联盟。

3. 必须坚持党对统一战线的领导权。一要依靠党的正确的路线和政策。党对统一战线的领导是政治领导，即政治原则、政治方向和重大方针政策的领导。二要依靠共产党员的先锋模范作用。三要照顾同盟者的利益，并在政治上教育提高同盟者。

4. 区分中国资产阶级为官僚资产阶级和民族资产阶级两个不同部分。同官僚资产阶级建立统一战线时，必须坚持独立自主的原则，采取又联合又斗争，以斗争求团结的政策。对民族资产阶级积极的一面进行联合，对其消极的一面进行批评，采取团结、批评、教育的政策。

5. 实行又联合又斗争的基本策略原则。对于统一战线中的同盟者有联合，有批评；对于各种不同的同盟者有各种不同性质的联合，有各种不同的批评。处理人民内部矛盾要坚持“团结—批评—团结”的公式，即从团结的愿望出发，经过批评或者斗争，使矛盾得到解决，从而在新的基础上达到新的团结。

6. 坚持原则性和灵活性相结合。统一战线内部，既存在共同利益和要求的基础上的联合，又有因各自不同的利益而产生的矛盾和斗争。无产阶级在统一战线中必须坚持自己的纲领、路线和战略目标，率领同盟者前进并取得胜利；同时要照顾同盟者的利益和要求，在有的情况下做出必要的妥协和让步，以实现自己的战略目标。

7. 实行共产党领导的多党合作和政治协商。中国共产党同民主党派实行“长期共存、互相监督”的方针。中国人民政治协商会议是团结全国各民族、各民主阶级、各民主党派、各人民团体及各界民主人士的伟大的统一战线组织，通过政协容纳许多人来商量事情很需要。

8. 坚持民族平等和民族团结政策，坚持民族区域自治。汉族和少数民族的关系一定要搞好。这个问题的关键是克服大汉族主义，在存在有地方民族主义的少数民族中间，则应当同时克服地方民族主义。

9. 坚持宗教信仰自由政策。共产党对宗教采取保护政策，信教的和不信教的，信这种教的或信别种教的，一律加以保护，尊重其信仰。我们不能用行政命令去消灭宗教，不能强制人们不信教。

五、邓小平新时期统一战线理论

以邓小平为核心的党的第二代中央领导集体，适应我国阶级关系的根本变化以及党和国家工作重心的战略转移，全面阐述了改革开放新时期统一战线的一系列重大理论政策问题，形成了邓小平新时期统一战线理论。主要内容包括：

1. 我国新时期的统一战线不再是过去意义上的阶级联盟，已发展成为工人阶级领导的、工农联盟为基础的全体社会主义劳动者、拥护社会主义的爱国者和拥护祖国统一的爱国者的联盟，是最广泛的爱国统一战线。

2. 在社会主义现代化建设的新时期，统一战线仍然是一个重要法宝，不是可以削弱，而是应该加强；不是可以缩小，而是应该扩大。

3. 新时期统一战线的任务是调动一切积极因素，努力化消极因素为积极因素，团结一切可以团结的力量，同心同德，群策群力，维护和发展安定团结的政治局面，为建设社会主义现代化强国而奋斗，为完成祖国和平统一大业而共同努力。

4. 统一战线的范围以宽为宜，宽有利，不是窄有利。统一战线就是社会主义劳动者和爱国者的联盟，社会主义劳动者之间也有统一战线。

5. 中国共产党领导的多党合作是我国政治制度的一个特点和优点。在中国共产党领导下，实行多党派合作，这是我国具体历史特点和现实条件所决定的。要坚持“长期共存、互相监督、肝胆相照、荣辱与共”的方针。

6. 知识分子是工人阶级的一部分，是社会主义现代化建设的重要依靠力量。尊重知识，尊重人才，充分调动广大知识分子为社会主义现代化建设服务的积极性。统一战线要做好党外知识分子的工作，统战部门要注意反映知识分子问题的全貌。

7. 社会主义初级阶段在坚持公有制为主体、坚持共同富裕为目标的原则下，发展非公有制经济并加以正确的引导，不会损害社会主义经济，不会产生新的资产阶级。

8. 我国各兄弟民族经过民主改革和社会主义改造，早已陆续走上社会主义道路，结成了社会主义的团结友爱、互助合作的新型民族关系。立足民族平等，巩固各民族的大团结，着眼于把民族地区发展起来，促进各民族共同繁荣。民族区域自治制度适合中国的情况，是我们社会制度的优势，要真正实行。

9. 坚持宗教信仰自由政策，扩大同爱国宗教界的统一战线。对于宗教，不能用行政命令办法，宗教方面也不能搞狂热，否则同社会主义、同人民的利益相违背。

10. 人民政协是巩固和扩大爱国统一战线的重要组织，也是我国政治体制中发扬社会主义民主，实行多党合作和政治协商、民主监督、参政议政的重要形式。不能把政协搞成国家权力机关。

11. “一个国家、两种制度”。在统一的中华人民共和国范围内，大陆实行社会主义，台湾、香港、澳门实行资本主义，两种制度在统一的前提下长期和平共处。

六、以江泽民同志为核心的党中央关于统一战线的重要论述

以江泽民同志为核心的党的第三代中央领导集体，面对世界多极化、经济全球化加速发展，国内社会结构深刻变化和完成祖国统一大业任务十分繁重的复杂形势，就统一战线基本理论和各领域方针政策提出一系列新观点新论述，把统一战线理论建设推向一个新的发展阶段。主要内容包括：

1. 统一战线是我们党夺取革命、建设和改革事业胜利的重要法宝，也是执政兴国的重要法宝，是我们党必须长期坚持的一项战略方针和一个政治优势，在新世纪我们党的事业中具有重要的战略地位和作用。

2. 实现最广泛的大团结，既是统一战线的安身立命之本，也是统一战线永恒不变的主题。统一战线为实现党的总目标、总路线服务，最根本的就是为完成党在不同时期的奋斗目标提供力量支持。要把海内外中华儿女的智慧和力量都凝聚起来，为实现祖国完全统一和中华民族的伟大复兴而团结奋斗。

3. 中国共产党领导的多党合作和政治协商制度是符合中国国情的一项基本政治制度，中国政局要稳定就必须稳定多党合作的政治格局。我国政党制度的显著特征是，共产党领导、多党派合作，共产党执政、多党派参政。要把握衡量我国政党制度的标准，保持宽松稳定、团结和谐的政治环境。无党派人士是我国政治生活中的一支重要力量。

4. 加强民族团结、促进各民族共同发展和共同繁荣是整个社会主义初级阶段民族工作的行动纲领。巩固和发展平等、团结、互助的社会主义民族关系，坚持和完善民族区域自治制度，加快民族地区经济发展和社会进步。要防止违反民族政策、伤害民族感情的现象发生，坚决打击敌对势力和民族分裂主义分子的破坏分裂活动。

5. 巩固党同宗教界的爱国统一战线。宗教走向最终消亡可能比阶级、国家的消亡还要久远，广大信教群众是建设中国特色社会主义的积极力量，我国宗教的社会作用仍然具有两重性。全面贯彻党的宗教信仰自由政策，依法管理宗教事务，坚持独立自主自办原则，积极引导宗教与社会主义社会相适应。

6. 非公有制经济是社会主义市场经济的重要组成部分，非公有制经济人士是中国特色社会主义事业建设者。要按照“团结、帮助、引导、教育”的方针，促进非公有制经济健康发展，促进非公有制经济人士健康成长。工商联是中国共产党领导的具有统战性、经济性、民间性的人民团体和民间商会，要成为党和政府联系非公有制经济人士的桥梁，成为政府管理非公有制经济的助手。

7. 尊重劳动、尊重知识、尊重人才、尊重创造是党和国家的一项重大方针。重点做好有代表性、有影响的党外知识分子工作。培养人才是基础，吸引人才是重点，用好人才是关键。

8. 港澳台海外统战工作是我国统一战线一个特殊重要的方面，要在爱国主义旗帜下实现中华民族的大团结，坚定不移地实行“一国两制”方针，发展壮大爱国爱港爱澳力量，保持香港、澳门的长期稳定、繁荣和发展。

9. 同党外人士合作共事是我们党坚定不移的方针。建立一支高素质的党外代表人士队伍，努力做好党外人士在人大、政府、政协和司法机关的安排工作。坚持“统筹兼顾、全面安排”的方针，推进党外代表人士培养选拔和安排使用工作的规范化、制度化。培养一支高素质的党外代表人物队伍，特别是要抓好年轻一代党外代表人物的培养。

10. 人民政协是中国共产党把马克思列宁主义的统一战线理论与中国的具体实践相结合的伟大创造，是中国人民最广泛的统一战线组织，是中国共产党领导的多党合作和政治协商的重要机构，是我国发扬社会主义民主的重要形式，在我国政治生活中具有不可替代的作用。人民政协要始终坚持团结和民主两大主题，充分履行政治协商、民主监督、参政议政的职能。

七、以胡锦涛同志为总书记的党中央关于统一战线的重要论述

进入新世纪后，以胡锦涛同志为总书记的党中央，着眼党和国家事业发展的新任务新要求，深入分析和回答了统一战线贯彻落实科学发展观的重大理论和实践问题，成为新世纪新阶段统一战线发展壮大的行动指南。主要内容包括：

1. 统一战线是中国共产党团结一切可以团结的力量，夺取革命、建设和改革事业胜利的重要法宝，是中国共产党执政兴国的重要法宝，是实现祖国完全统一和中华民族伟大复兴的重要法宝。

2. 新世纪新阶段统一战线已经发展成为全体社会主义劳动者、社会主义事业的建设者、拥护社会主义的爱国者和拥护祖国统一的爱国者的最广泛的联盟。

3. 新世纪新阶段统一战线团结的范围进一步扩大，具有空前的广泛性、巨大的包容性、鲜明的多样性、显著的社会性。

4. 政党关系、民族关系、宗教关系、阶层关系、海内外同胞关系，是政治和社会领域涉及党和国家工作全局的重大关系，是统一战线需要全面把握和正确处理的重大关系。

5. 巩固发展我国社会主义政党关系，实现我国政党关系长期和谐，根本在于坚持走中国特色社会主义政治发展道路，关键在于坚持和完善中国共产党领导的多党合作和政治协商制度。民主党派已经成为各自所联系的一部分社会主义劳动者、社会主义事业建设者和拥护社会主义爱国者的政治联盟，是接受中国共产党领导、同中国共产党通力合作的亲密友党，是进步性与广泛性相统一、致力于中国特色社会主义事业的参政党。

6. 社会主义民族关系的本质特征是平等、团结、互助、和谐。民族工作的根本任务是促进民族团结、实现共同进步。中国特色社会主义道路是解决我国民族问题的根本道路。维护社会稳定、维护社会主义法制、维护人民群众根本利益、维护祖国统一、维护民族团结，是对民族工作的根本要求。

7. 坚持政治上团结合作、信仰上互相尊重。保护合法，制止非法，抵御渗透，打击犯罪。帮助和支持我国各宗教团体结合各自宗教特点加强自身建设，深入研究新形势下宗教界爱国人士成长的特点和规律，努力形成一支政治上靠得住、学识上有造诣、品德上能服众的宗教教职人员队伍，保证宗教组织领导权牢牢掌握在爱国爱教人士手中。鼓励和支持宗教界发扬爱国爱教、团结进步、服务社会的优良传统，为民族团结、经济发展、社会进步、社会和谐、祖国统一多作贡献，支持他们对宗教教义作出符合社会进步要求的阐释。

8. 人民群众日益增长的物质文化需要同落后的社会生产之间的矛盾仍然是西藏社会的主要矛盾，同时，西藏社会还存在着各族人民同以达赖集团为代表的分裂势力之间的特殊矛盾。要坚持走有中国特色、西藏特点的发展路子，紧紧抓住发展和稳定两件大事，确保西藏经济社会跨越式发展，确保国家安全和西藏长治久安，确保西藏各族人民物质文化生活水平不断提高，确保西藏生态环境良好，努力建设团结、民主、富裕、文明、和谐的社会主义新西藏。

9. 新的社会阶层人士作为中国特色社会主义事业的建设者，在推动经济社会发展、全面建设小康社会中发挥着重要作用。要坚持充分尊重、广泛联系、加强团结、热情帮助、积极引导的方针。坚持以社团为纽带、社区为依托、网络为媒介、活动为抓手，把新的社会阶层人士更广泛地团结和凝聚在党和政府周围。

10. 保持香港、澳门长期繁荣稳定是中国共产党在新形势下治国理政的崭新课题。推动两岸关系发展，实现祖国和平统一，最重要的是要遵循“和平统一、一国两制”的方针和现阶段发展两岸关系、推进祖国和平统一进程的八项主张，坚持一个中国原则决不动摇，争取和平统一的努力决不放弃，贯彻寄希望于台湾人民的方针决不改变，反对“台独”分裂活动决不妥协。要以凝聚侨心、汇集侨智、发挥侨力为目标，坚持把维护海外侨胞和归侨侨眷的根本利益作为侨务工作的出发点和落脚点，在爱国主义旗帜下实现海内外中华儿女的大团结。

11. 把“政治坚定、业绩突出、群众认同”，作为衡量党外代表人士的基本标准。大力推进党外代表人士教育培训改革和发展，努力培养一大批与中国共产党同心同德、亲密合作的党外代表人士，更好地发挥他们在推动科学发展、促进社会和谐、实现祖国统一中的作用。

12. 中国人民政治协商会议是中国人民爱国统一战线的组织，是中国共产党领导的多党合作和政治协商的重要机构，是我国政治生活中发扬社会主义民主的重要形式。发展社会主义民主政治，建设社会主义政治文明，要善于运用人民政协这一政治组织和民主形式。构建社会主义和谐社会，必须充分发挥人民政协的作用。

13. 统战工作是全党的工作。各级党委要把统一战线工作作为事关党和国家全局的重要工作，着力研究解决重大问题。把统战工作纳入党政领导班子工作的考核内容，作为选拔任用领导干部的重要依据；纳入宣传、新闻工作计划，扩大统一战线的社会影响。把统一战线理论政策作为各级党校、行政学院、干部学院的重要教学内容，作为培训党政干部的必修课程；把多党合作、人民政协、“一国两制”、民族、宗教理论政策等统一战线知识列入国民教育内容；把统一战线理论研究纳入马克思主义理论研究和建设工程。

八、习近平总书记关于加强和改进统一战线工作的重要思想

党的十八大以来，以习近平同志为核心的党中央高度重视统一战线工作，立足当今世界百年未有之变局，着眼推进伟大斗争、伟大工程、伟大事业、伟大梦想的壮阔实践，把握新时代我国所有制形式、社会阶层、社会思想观念更加多样的深刻变化，召开重要会议、出台重要文件、作出重要部署，科学回答了新时代需不需要统一战线、需要什么样的统一战线、怎样发挥新时代统一战线法宝作用、怎样建设新时代统一战线的重大问题，形成了习近平总书记关于加强和改进统一战线工作的重要思想，为新时代统一战线事业发展提供了根本遵循。主要内容包括：

1. 人心向背、力量对比是决定党和人民事业成败的关键，是最大的政治。统战工作的本质要求是大团结大联合，解决的就是人心和力量问题。越是处于改革攻坚期，越需要汇集众智、增强合力；越是处于发展关键期，越是需要凝聚人心、众志成城。统一战线就是凝聚共同奋斗的力量。

2. 正确处理一致性和多样性关系是统战工作的基本方针。统一战线是一致性和多样性的共同体，只有一致性、没有多样性，或者只有多样性、没有一致性，都不能建立和发展成统一战线。正确处理一致性和多样性关系，关键是求同存异。既要不断

增强一致性，不断巩固共同的政治基础，也要正确对待多样性，充分发扬民主、尊重包容差异。找到最大公约数，画出最大同心圆。

3. 全面加强党对统战工作的领导。统一战线是党领导的统一战线，统战工作实行的政策、采取的措施都要有利于坚持和巩固党的领导地位和执政地位。夯实各级党委的主体责任，统战工作是各级党委必须做好的分内事、必须种好的责任田。健全完善体制机制，坚持党委统一领导、统战部牵头协调、有关方面各负其责的大统战工作格局。统战部要更好发挥参谋机构、组织协调机构、具体执行机构、督促检查机构的作用。

4. 中国共产党领导的多党合作和政治协商制度，是中国共产党、中国人民和各民主党派、无党派人士的伟大政治创造，是从中国土壤中生长出来的新型政党制度。要牢固树立制度自信，把我国社会主义政党制度坚持好、发展好、完善好。坚持中国共产党领导，不忘多党合作之初心，坚定不移走中国特色社会主义政治发展道路。支持民主党派和无党派人士按照中国特色社会主义参政党要求更好履行职能。加强中国特色社会主义参政党建设，不断提高政治把握能力、参政议政能力、组织领导能力、合作共事能力、解决自身问题能力，努力成为政治坚定、组织坚实、履职有力、作风优良、制度健全的中国特色社会主义参政党。

5. 坚持走中国特色解决民族问题的正确道路。准确把握我国统一的多民族国家的基本国情，坚持和完善民族区域自治制度，坚持统一和自治相结合，坚持民族因素与区域因素相结合。发展是解决民族地区各种问题的总钥匙，保证少数民族、民族地区都在小康社会进程中不掉队。不断铸牢中华民族共同体意识，推进各民族交往交流交融。坚持依法处理民族事务，扎实做好城市民族工作。推进新时代民族工作开拓创新。

6. 坚持我国宗教中国化方向。努力用社会主义核心价值观引领、用中华文化浸润我国各宗教。提高宗教工作法治化水平，用法律规范政府管理宗教事务的行为，用法律调节涉及宗教的各种社会关系。宗教工作的本质是群众工作，我国广大信教群众同样是我们党执政的重要基础，要将能不能把广大信教群众团结在党和政府的周围作为评价宗教工作的根本标准。构建积极健康的宗教关系，处理好政府与宗教、社会与宗教、国内不同宗教、我国宗教与外国宗教、信教群众与不信教群众的关系，促进宗教关系和谐。要在"导"上想得深、看得透、把得准。

7. 坚定推进党的治藏方略。西藏社会的主要矛盾和特殊矛盾没有改变，坚持"依法治藏、富民兴藏、长期建藏、凝聚人心、夯实基础"的重要原则，坚定不移开展反分裂斗争，坚定不移促进经济社会发展，坚定不移保障和改善民生，坚定不移促进各民族交往交流交融，确保国家安全和长治久安，确保经济社会持续健康发展，确保各族人民物质文化生活水平不断提高，确保生态环境良好。

8. 坚决维护新疆社会稳定和长治久安。新疆工作的总目标是社会稳定和长治久安。工作要求是"依法治疆、团结稳疆、长期建疆"。做好新疆工作的关键在党。坚决打击民族分裂势力和暴力恐怖活动，旗帜鲜明反对宗教极端思想，紧贴民生推动新疆更好更快发展，不断增强各族人民的文化认同。坚持深化新疆生产建设兵团改革。

9. 党外知识分子工作是统一战线基础性、战略性工作。要政治上充分信任、思想上主动引导、工作上创造条件、生活上关心照顾。遵循知识分子工作特点和规律，加快形成有利于知识分子干事创业的体制机制。留学人员是统战工作新的着力点。聚天下英才而用之，发挥党外知识分子和新的社会阶层人士在中国特色社会主义事业中的重要作用。

10. 促进非公有制经济健康发展和非公有制经济人士健康成长。坚持和完善基本经济制度，公有制经济、非公有制经济应该相辅相成、相得益彰，而不是互相排斥、相互抵消。民营经济是我国经济制度的内在要素，是我们党长期执政、团结带领全国人民实现“两个一百年”奋斗目标和中华民族伟大复兴中国梦的重要力量，民营企业和民营企业家是我们自己人。牢牢把握“两个健康”主题，坚持团结、服务、引导、教育的方针。推动构建亲清新型政商关系。发挥工商联对商会组织的指导、引导、服务职能，确保商会发展的正确方向。

11. 把争取人心作为港澳台统战工作的出发点和落脚点。把维护中央对香港、澳门特别行政区全面管制权和保障特别行政区高度自治权有机结合起来，确保“一国两制”方针不会变、不动摇，确保“一国两制”实践不变形、不走样。把坚持“一国”原则与尊重“两制”差异、发挥祖国内地坚强后盾作用和提高港澳自身竞争力有机结合起来，更加积极主动助力国家全面开放、融入国家发展大局，参与国家治理实践、促进人文交流。广泛团结港澳各界人士，尤其是政治人才、社团领袖、中产专业人士，发展壮大爱国爱港爱澳力量。秉持“两岸一家亲”理念，引导台湾同胞增强中华民族认同和文化认同，共同反对一切分裂国家的活动，推动形成有利统一的民众心理、民意基础、民心走向，实现两岸同胞心灵契合。

12. 凝聚侨心侨力同圆共享中国梦是新时代侨务工作的主题。

团结统一的中华民族是海内外中华儿女共同的根，博大精深的中华文化是海内外中华儿女共同的魂，实现中华民族伟大复兴是海内外中华儿女共同的梦。广大海外侨胞是建设中国特色社会主义的宝贵资源，是连续中国梦和世界梦的重要桥梁纽带。引导广大侨胞支持祖国发展、遏制分裂势力、传承中华文化、助力对外交往。侨务干部要当好海外侨胞和归侨侨眷的贴心人，成为侨务工作的实干家。

13. 加强党外代表人士培养使用。将党外代表人士队伍建设纳入干部和人才队伍建设总体规划，统筹做好培养选拔党外干部工作。党外代表人士工作的重点是科学使用、发挥作用，关键是加强培养、提高素质。有意识把一部分优秀人才留在党外，为培养一批同我们党亲密合作、可堪重用的党外代表人士涵养水源。要开阔选人视野，加强实践锻炼，在思想政治培养上下功夫。要拿出一些岗位甚至是重要岗位培养党外干部，特别优秀的可以放到正职岗位。

九、统一战线的主题

“大团结、大联合”是统一战线的永恒主题。实现最大范围的团结和联合，是统一战线的安身立命之本，是统一战线取得成功的基本经验，是统一战线一切工作的出发点和落脚点，也是检验统战工作成效的基本依据。

坚持统一战线大团结、大联合的主题，要求团结的人要多。在爱国主义和社会主义两面旗帜下，不论什么阶层、什么党派、什么团体、什么人，都要加强同他们的联系，建立最广泛的同盟军；团结的面要宽。为实现共同政治目标，可以超越不同思想观念、经济基础、从事职业和社会制度的界限，进行最大限度的团结；团结的程度要深。待之以诚、晓之以理、动之以情，深交党外朋友，交挚友诤友，使各界人士与中国共产党一道经受考验，携手共渡难关。归结起来就是：调动一切积极因素，化消极因素为积极因素，团结一切可以团结的力量，为实现共同的政治目标服务。

十、高举爱国主义、社会主义两面旗帜

高举爱国主义和社会主义两面旗帜，是新时期统一战线的政治基础和显著标志。爱国主义从来就是动员和鼓舞中华儿女团结奋斗的一面旗帜，是各族人民共同的精神支柱，也是统一战线的一面光辉旗帜。社会主义是中国人民的历史选择，是中华民族走向伟大复兴的必由之路，也是统一战线的根本性质。

在这两面旗帜下，中国共产党领导的统一战线已经由两个联盟（即工农等劳动人民的联盟、劳动人民与非劳动人民的联盟）发展成为“两个范围”的联盟：大陆范围内以社会主义为政治基础，团结全体社会主义劳动者、社会主义事业建设者和拥护社会主义的爱国者，致力坚持和发展中国特色社会主义的联盟；大陆范围外以爱国主义为政治基础，团结港澳同胞、台湾同胞和海外侨胞，致力拥护祖国统一、实现中华民族伟大复兴的联盟。这“两个范围”的联盟构成爱国统一战线的整体，充分体现了整个中华民族的大团结大联合。

十一、夯实思想政治基础

统一战线是建立在一定的思想政治基础上的联盟，统一战线

的巩固发展壮大，都取决于思想政治基础的巩固。中国共产党与国民党两次合作都推进了革命事业的发展，但都以破裂而告终，根本原因就在于合作过程中思想政治基础出现了分歧。如第二次国共合作的破裂，就是在抗日战争胜利后中国向何处去这个问题上，中国共产党要建立人民民主的新中国，而国民党蒋介石则要维系大地主大资产阶级专政的旧中国，政治目标和方向的不同，使国共两党再次分道扬镳。

思想政治基础主要包括政治目标、政治方向和政治原则。它是历史的、发展的、具体的，在不同历史时期具有不同内容。如新民主主义革命时期，统一战线的思想政治基础主要是反对帝国主义、封建主义和官僚资本主义，实现民族独立和人民解放；新中国成立后，《中国人民政治协商会议共同纲领》成为统一战线的思想政治基础；改革开放新时期，统一战线的思想政治基础是爱国主义和社会主义，在中国共产党领导下建设中国特色社会主义；进入中国特色社会主义新时代，统一战线的思想政治基础，就是高举爱国主义和社会主义旗帜，坚持中国共产党领导，坚持和发展中国特色社会主义，推进祖国完全统一，实现中华民族伟大复兴中国梦。

夯实共同思想政治基础关键在于凝聚和增进政治认同。要教育引导统一战线成员，深刻认识中国特色社会主义是科学社会主义理论逻辑和我国社会发展历史逻辑的辩证统一，是实现中华民族伟大复兴的必由之路；中国特色社会主义最本质的特征是中国共产党领导，中国特色社会主义制度的最大优势是中国共产党领导，从而自觉把在中国共产党领导下坚持和发展中国特色社会主义作为精神支撑和行动遵循。始终坚持中国特色社会主义政治发展道路，自觉抵制西方政治制度的影响，不断增强建设社会主义民主政治的自觉性和坚定性。把实现中华民族伟大复兴的中国梦作为共同追求，在建设中国特色社会主义伟大事业中不断增进政治共识，形成共同意志。

十二、正确处理一致性和多样性关系

正确处理一致性和多样性关系是新时代统一战线工作的方针。统一战线是一致性和多样性的统一体，只有一致性、没有多样性，或只有多样性、没有一致性，都不能建立和发展统一战线。无论是革命战争年代，还是和平建设时期；无论是处理政党、民族、宗教、阶层关系，还是处理海内外同胞关系，统战工作都是围绕正确处理一致性和多样性关系展开的。纵观党的统一战线历史，什么时候一致性和多样性关系处理得好，统一战线就巩固壮大，党的事业就向前推进；反之，统一战线就缩小甚至破裂，党的事业就遭受损失。

正确处理一致性和多样性关系，关键要求同存异。一方面，要不断增进一致性，巩固已有的共识，推动形成新的共识，这是基础和前提；另一方面，要具体分析、正确对待、充分包容多样性，这是重点和难点。包容的半径越长，画出的同心圆才会越大。但对于损害人民群众根本利益、危害共同团结奋斗政治基础的错误言行，则要旗帜鲜明地坚决反对和斗争，决不能以多样性名义大行其道、危害根本。

新时代正确处理一致性和多样性关系，就是坚持一致性和多样性的统一，找到最大公约数，画出最大同心圆。要促进政党关系、民族关系、宗教关系、阶层关系和海内外同胞关系的和谐，团结海内外中华儿女共同致力中华民族伟大复兴中国梦。

十三、联谊交友

与党外人士联谊交友是统战工作的重要内容和方式，是我们党在革命、建设和改革事业中形成的优良传统。统一战线工作做得好不好，很重要的一个方面，就是要看交到的朋友多不多、合格不合格、够不够铁。实际工作中，要正确处理四个关系：

1. 广交和深交的关系。交朋友的面要广，五湖四海，朋友越多越好；交朋友的度要深，能成为说心里话、关键时候能帮上忙的挚友诤友。既要结交新朋友，还要不忘老朋友，对与我们党长期合作、患难与共的党外朋友，要始终如一、保持深厚友谊。

2. 虚交与实交的关系。与党外人士交朋友既要充分尊重、关心照顾，更要以诚相见、以心换心，实现由相敬到相知。要诚恳听取党外朋友的批评意见，对党外朋友的缺点和不足也要开诚布公、善意诚恳指出来，真正赢得党外人士信赖。

3. 入情与入理的关系。交朋友要靠真理的力量，道同才能共相为谋；同时还要靠情感的力量，由情相悦到理相通。要把入情与入理结合起来，既要进行感情交流，又能进行思想交锋；既要保持宽松稳定的政治环境和融洽和谐的气氛，又能在大的问题上分清是非；既注重加强思想引导、释疑解惑，又注重热忱服务、排忧解难，达到讲原则与讲友谊的统一。

4. 公交与私交的关系。同党外人士交朋友，不是为了交个人朋友，而是为党交朋友。交朋友当然会有私谊，但这种私谊必须服从于公谊。在同党外人士联谊中，既要讲感情、讲友谊，也要讲原则、讲纪律。

十四、照顾同盟者利益

照顾同盟者利益是巩固和壮大统一战线的重要政策原则，也是坚持以人为本、实现党的领导的重要条件。照顾同盟者利益，主要包括经济利益、政治利益和精神利益。经济利益，主要是同盟者生产生活和工作中的物质利益；政治利益，主要是同盟者进行制度化的有序政治参与；精神利益，主要是对同盟者的进步和贡献进行肯定和表彰。作为统一战线的领导核心，中国共产党要带领同盟者实现共同目标和共同利益，就要帮助他们实现其自身利益，否则统一战线就不能巩固，更不能发展。

坚持照顾同盟者利益原则，要正确处理好以下三个关系：一是共同利益与自身利益的关系。统一战线成员既有一致的、根本的共同利益，也有具体的、特殊的自身利益。二者既是统一的，又是矛盾的。离开自身利益去谈共同利益，就会脱离群众；忘记共同利益而只顾自身利益，就会失去奋斗目标。要教育引导统一战线成员为共同利益而奋斗，同时要帮助他们解决工作生活中的困难和问题。二是长远利益与现实利益的关系。长远利益带有根本性，现实利益带有激励性。长远利益是由一个个、一步步现实利益所构成的，没有现实利益的实现，人们就会失去为长远利益而奋斗的动力。巩固统一战线的团结，必须重视并使统一战线广大成员获得看得见、摸得着的现实利益。在制定每一项涉及人民群众长远利益的政策时，都要充分考虑社会各界的现实利益要求，维护他们的合法权益。三是经济利益与政治利益的关系。经济是基础，政治是经济的集中体现，两者既互相区别，又紧密联系。在照顾同盟者利益中，经济利益和政治利益要统筹考虑，相得益彰。统战工作既要改善民主党派的工作条件，促进少数民族和民族地区的经济发展，为非公有制企业提供良好发展环境等；又要通过合法程序在人大、政府、政协、司法部门和有关团体对其代表人士进行推荐使用，充分发挥参政议政作用。

十五、爱国统一战线

爱国统一战线是改革开放新时期确立的。适应我国阶级关系的根本变化、党和国家工作重点的战略转移，1979 年 8 月，第十四次全国统战工作会议明确，新时期统一战线是革命的爱国统一战线。1981 年 6 月，中国共产党十一届六中全会通过的《关于建国以来党的若干历史问题的决议》，正式将新时期的统一战线称为“爱国统一战线”。

爱国统一战线的建立，标志着统一战线已由工人阶级、农民阶级、城市小资产阶级、民族资产阶级四个阶级的联盟，转变为工人阶级领导的、工农联盟为基础的社会主义劳动者、拥护社会主义的爱国者和拥护祖国统一的爱国者的广泛联盟，使一切热爱祖国的个人、团体、政党、组织，不受社会制度、意识形态、生活方式等限制，都可以加入到统一战线中来，从而更加扩大了统一战线的范围，增强了统一战线的凝聚力和感召力，形成了海内外中华儿女共同建设中国特色社会主义、致力中华民族振兴的磅礴力量。

十六、新时代统一战线的地位和作用

党的十八大后，中国特色社会主义进入新时代，爱国统一战线仍然具有十分重要的地位和作用。习近平总书记在党的十九大报告中指出，“统一战线是党的事业取得胜利的重要法宝，必须长期坚持”。在新时代坚持和发展中国特色社会主义的基本方略中强调，“巩固和发展最广泛的爱国统一战线”。

在中国特色社会主义新时代，统一战线是中国共产党凝聚人心、汇聚力量的政治优势和战略方针，是夺取革命、建设、改革事业胜利的重要法宝，是增强党的阶级基础、扩大党的群众基础、巩固党的执政地位的重要法宝，是全面建成小康社会、加快推进社会主义现代化、实现中华民族伟大复兴中国梦的重要法宝。

十七、新时代统一战线的工作范围和对象

统一战线在不同时期有不同的范围和对象。在新时代，爱国统一战线的工作范围和对象是：（一）民主党派成员；（二）无党派人士；（三）党外知识分子；（四）少数民族人士；（五）宗教界人士；（六）非公有制经济人士；（七）新的社会阶层人士；（八）出国和归国留学人员；（九）香港同胞、澳门同胞；（十）台湾同胞及其在大陆的亲属；（十一）华侨、归侨及侨眷；（十二）其他需要联系和团结的人员。

统一战线工作对象为党外人士，重点是其中的代表人士。

十八、新时代统一战线工作的新方位新使命

中国特色社会主义进入新时代，我国社会主要矛盾发生深刻变化，世界面临百年未有之大变局，统一战线所处的历史方位、

肩负的使命任务也发生了重大变化。主要体现在：

统一战线内部结构复杂性前所未有，凝聚人心的工作更加艰巨繁重。随着我国经济社会结构的深刻变化，工农联盟作为统一战线的基础没有变，但工人和农民的身份发生了变化。新的社会阶层人士队伍不断壮大，知识分子大众化趋势日益增强。统战工作对象由“单位人”向“社会人”转变，由“体制内”向“体制外”延伸，由“大众化”向“圈层化”演化，由“国内”向“国际”拓展。要求统战工作扩大覆盖面，增强包容性，实现更广泛的团结。

改革发展任务之重前所未有，凝聚力量的工作更加艰巨繁重。我国经济已由高速增长阶段转向高质量发展阶段，改革进入攻坚期和深水区，利益格局深刻调整，影响社会和谐稳定的因素更加复杂。需要统一战线积极宣传政策、协调关系、化解矛盾，促进社会关系和谐。

矛盾风险挑战之多前所未有，凝聚智慧的工作更加艰巨繁重。我国发展仍将处于重要战略机遇期，但在政治、意识形态、经济、科技、社会、外部环境、党的建设等领域也面临诸多风险和挑战。需要统战工作树立底线思维，主动超前研判，扎实做好各项应对工作，牢牢把握主动权主导权。

多元思想文化交流交融交锋前所未有，凝聚共识的工作更加艰巨繁重。随着我国经济社会结构深刻调整，人们的思想观念和价值取向更趋多元多变，利益诉求、政治诉求和意识形态诉求更加复杂多样，互联网日益成为舆论生成的策源地、信息传播的集散地、思想交锋的主阵地。要求进一步增强政治敏锐性和政治鉴别力，切实加强思想政治引领，担负起维护政治安全和意识形态安全的应有责任。

十九、新时代统一战线工作的指导思想和主要任务

在中国共产党领导下，以马克思列宁主义、毛泽东思想、邓小平理论、“三个代表”重要思想、科学发展观、习近平新时代中国特色社会主义思想为指导，坚定不移走中国特色社会主义道路，紧紧围绕全面建成小康社会、全面深化改革、全面依法治国、全面从严治党的战略布局，高举爱国主义、社会主义旗帜，坚持大团结大联合的主题，坚持正确处理一致性和多样性关系的方针，积极促进政党关系、民族关系、宗教关系、阶层关系、海内外同胞关系和谐，巩固和发展最广泛的爱国统一战线，为实现“两个一百年”奋斗目标、实现中华民族伟大复兴的中国梦服务，为维护社会和谐稳定、维护国家主权安全发展利益服务，为保持香港澳门长期繁荣稳定、实现祖国完全统一服务。

第二章　新型政党制度

一、中国共产党领导的多党合作和政治协商制度是我国新型政党制度

当代中国政党制度是中国共产党领导的多党合作和政治协商制度。习近平总书记指出，我国政党制度是马克思主义政党理论同中国实际相结合的产物，符合中华民族一贯倡导的天下为公、兼容并蓄、求同存异等优秀传统文化，是中国共产党、中国人民和各民主党派、无党派人士的伟大政治创造，是从中国土壤中生长出来的新型政党制度。

我国政党制度是马克思主义政党理论中国化的重要成果。中国共产党成立后，就担负起为中国人民谋利益、为中华民族谋复兴的历史使命。面对推翻帝国主义、封建主义、官僚资本主义“三座大山”的艰巨任务，毛泽东把马克思主义基本原理、建立统一战线、实行政党联合的理论与中国革命实践相结合，明确提出中国现阶段的新民主主义革命，主要对象是帝国主义和封建主义，基本动力是无产阶级、农民阶级和城市小资产阶级。由于受帝国主义压迫，民族资产阶级能够参加反帝国主义和反封建军阀的斗争，在一定时期内应该同民族资产阶级建立统一战线，并尽可能地保持。这就为中国共产党如何在工农联盟的基础上团结资产阶级特别是民族资产阶级，与代表民族资产阶级、城市小资产

阶级及其知识分子的民主党派的合作，奠定了坚实的理论基础。

我国政党制度是对辛亥革命后议会多党制和国民党一党专政制度的彻底否定。辛亥革命后仿效西方搞议会制、多党制，作为探索我国政治制度、政党制度的开端，由于不符合中国国情，随着1913年5月国民党党魁宋教仁被刺杀，1914年1月国会被袁世凯强制解散，中国从此陷入政治严重动荡局面。最初力倡美国多党政治的孙中山也改弦易辙，以俄为师，与中国共产党合作。1927年后，国民党蒋介石歪曲孙中山的“以党治国”思想和新三民主义的理论，建立了国民党一党专政的政治制度。第二次国共合作中，虽然承认中国共产党等政党合法地位，但暗中仍然是“限共、溶共、防共、反共”，国民党独裁集权体制没有实质改变。抗战胜利后，国民党蒋介石拒不接受中国共产党建立联合政府的主张，坚持独裁反共内战的方针，终于把中国和国民党带上了绝路。中国新型政党制度，就是在否定“已经臭了”的议会多党制和“天怒人怨”的国民党一党专政的过程中，孕育和发展起来的。

我国政党制度是中国共产党、中国人民与各民主党派、无党派人士的共同创造。中国各民主党派作为民族资产阶级、城市小资产阶级以及同这些阶级相联系的知识分子和其他爱国分子的政治代表，大多成立于抗日战争和解放战争时期，虽然政纲不尽相同，但都主张爱国、反对卖国，主张民主、反对独裁，同中国共产党新民主主义的革命政纲基本上是一致的。因此，从他们成立的时候起，就同中国共产党建立了程度不同的合作关系，并在斗争实践中不断发展了这种关系。特别是1948年5月，各民主党派、无党派人士热烈响应中国共产党发布“五一口号”，选择了中国共产党领导，并共同筹备召开中国人民政治协商会议，终于使新型政党制度与新中国一起诞生。

习近平总书记对我国新型政党制度作了精辟概括："新就新在它是马克思主义政党理论同中国实际相结合的产物，能够真实、广泛、持久代表和实现最广大人民根本利益、全国各族各界根本利益，有效避免了旧式政党制度代表少数人、少数利益集团的弊端；新就新在它把各个政党和无党派人士紧密团结起来、为着共同目标而奋斗，有效避免了一党缺乏监督或者多党轮流坐庄、恶性竞争的弊端；新就新在它通过制度化、程序化、规范化的安排集中各种意见和建议、推动决策科学化民主化，有效避免了旧式政党制度囿于党派利益、阶级利益、区域和集团利益决策施政导致社会撕裂的弊端。"

二、新型政党制度是我国的一项基本政治制度

邓小平指出，"在中国共产党领导下，实行多党派的合作，这是我国具体历史条件和现实条件所决定的，也是我国政治制度中的一个特点和优点"。我国的国体是人民民主专政，与之相适应的政权组织形式是人民代表大会制度，与之相适应的政党制度是中国共产党领导的多党合作和政治协商制度。人民代表大会制度、中国共产党领导的多党合作和政治协商制度、民族区域自治制度、基层群众自治制度，构成了我国政治制度的基本框架。

中国共产党领导的多党合作和政治协商制度作为新型政党制度，体现了社会主义民主政治的本质特征，是实现人民当家作主的有效形式。它以合作、参与、协商为基本精神，以团结、民主、和谐为本质属性，在长期发展中逐步确立和形成了特有的实践形式。中国共产党同民主党派和无党派人士就事关国计民生的

重大问题进行协商，人民政协同社会各界人士进行广泛协商，实现了广泛参与和集中领导的统一、选举民主与协商民主的统一。它把人民内部不同阶层、不同利益群体的政治诉求纳入政治体系并得到充分表达，在维护我国政治格局、巩固人民民主专政的国家政权、推进社会主义现代化建设、促进社会主义协商民主的发展等方面发挥着重要作用。

三、新型政党制度的显著特征

我国新型政党制度的显著特征是：共产党领导、多党派合作，共产党执政、多党派参政。

中国共产党领导是我国政党制度的根本特点，也是区别于西方两党制、多党制的显著特征。多党合作是我国政党制度的要旨所在，并形成了长期稳定全面发展的基本格局。中国共产党领导与多党合作的有机结合，反映了中国社会一与多相统一的政治结构，体现了奋斗目标和政治方向的一致，形成了一党领导而不专制、多党合作而不竞争、互相监督而不反对的独特优势。

我国是一个社会主义国家，中国共产党作为执政党，依法长期执政，这是宪法确定的。民主党派是中国特色社会主义参政党，参加国家政权，参与重要方针政策、重要领导人选的协商，参与国家事务的管理，参与国家方针政策、法律法规的制定和执行。中国共产党执政建立在各民主党派参政的基础上，而不是排除在国家政权机关和政治过程之外；各民主党派作为参政党，不以谋取执政权为目的，而是协助支持执政党更好地兴国为民，在国家政治结构中长期稳定地发挥作用。政党制度中执政与参政相结合的崭新方式，对社会主义条件下如何处理执政党与其他民主政党的关系，提供了新的思路和方案。

四、新型政党制度的基本方针

“长期共存、互相监督、肝胆相照、荣辱与共”是我国新型政党制度的基本方针，是中国共产党与民主党派、无党派人士和谐关系的集中体现，是我国多党合作事业健康发展的重要保证。

这一方针是中国共产党在多党合作长期实践中逐步总结形成的。早在新民主主义革命时期，毛泽东就明确指出：“共产党的这个同党外人士实行民主合作的原则，是固定不移的，是永远不变的。”新中国成立前夕，毛泽东在中共七届二中全会上进一步强调：“我党同党外民主人士长期合作的政策，必须在全党思想上和工作上确定下来。”1956 年，毛泽东在《论十大关系》中，针对社会主义条件下还要不要多党合作问题，首次提出“长期共存，互相监督”。同年 9 月，党的八大把“长期共存，互相监督”确定为共产党与各民主党派团结合作的基本方针，从而奠定了我国社会主义条件下多党长期合作的理论基石和基本格局。1982 年 1 月，胡耀邦在第十五次全国统战工作会议讲话中提出：“在新的历史时期，我们一定要同党外朋友真正建立起肝胆相照、荣辱与共的关系。”同年 9 月，在党的十二大报告中明确指出：“我们党要继续坚持‘长期共存、互相监督’、‘肝胆相照、荣辱与共’的方针，加强同各民主党派、无党派民主人士、少数民族人士和宗教界爱国人士的合作。”

“十六字方针”是一个有机整体，“长期共存、互相监督”体现了中国共产党同各民主党派长期合作并相互监督的思想，“肝胆相照、荣辱与共”则生动表述了中国共产党同各民主党派之间彼此信任、真诚合作的关系。它确立了中国共产党同各民主党派长期合作的基本战略，明确了合作共事的重要方式和基本要求，体现了中国共产党与各民主党派团结和谐的新的社会主义政党关系。

五、新型政党制度的价值功能

我国新型政党制度，反映了人民当家作主的社会主义民主的本质要求，体现了中国政治制度的特点和优势。2007 年，国务院新闻办公室发布的《中国政党制度》白皮书，对中国新型政党制度的价值和功能概括为以下五个方面：

1. 政治参与。中国多党合作制度为各民主党派的政治参与开辟了制度化渠道，把各种社会力量纳入政治体制，巩固和扩大人民民主专政国家政权的基础；调动各方面积极性，广集民智，广求良策，推动执政党和政府决策的科学化、民主化；在保持社会稳定的前提下，推进社会主义民主积极稳步发展。

2. 利益表达。中国是一个人口众多的大国，存在不同的阶级、阶层和社会群体。人民内部在根本利益一致的基础上存在着具体利益的差别和矛盾。特别是随着社会主义市场经济的发展，经济体制深刻变革，社会结构深刻变动，利益格局深刻调整，思想观念深刻变化。中国多党合作制度能够有效反映社会各方面的利益、愿望和诉求，畅通和拓宽社会利益表达渠道，协调利益关系，照顾同盟者利益，从而保持社会和谐稳定。

3. 社会整合。中国现代化建设的艰巨性和复杂性，要求政治制度具备高度的社会整合功能。中国多党合作制度以中国共产党的坚强领导为前提，又有各民主党派的广泛合作，从而形成强大的社会整合力。在建设中国特色社会主义大目标下，中国共产党紧密团结民主党派，形成高度的政治认同，促进政治资源的优化配置，调动各方面的积极性，引导和组织社会沿着现代化的方向不断前进。

4. 民主监督。中国共产党与各民主党派互相监督，有利于强化体制内的监督功能，避免由于缺乏监督而导致的种种弊端。各民主党派反映和代表着各自所联系群众的具体利益和要求，能够反映社会上多方面的意见和建议，能够提供一种中国共产党自身监督之外更多方面的监督，有利于执政党决策的科学化、民主化，更加自觉地抵制和克服官僚主义和各种消极腐败现象，加强和改进执政党的工作。

5. 维护稳定。中国多党合作制度以合作、协商代替对立、争斗，避免了政党互相倾轧造成的政局不稳和政权频繁更迭，最大限度地减少社会内耗，维护安定团结的社会政治局面。这一制度既有中国共产党的坚强领导，又有各民主党派的广泛参与，能够有效化解各种社会矛盾和冲突，保持政治稳定和社会和谐。

六、新型政党制度的政治准则

2005 年，中共中央制定《关于进一步加强中国共产党领导的多党合作和政治协商制度建设的意见》，首次明确规范了多党合作的重要政治准则，主要是：坚持以马克思列宁主义、毛泽东思想、邓小平理论和“三个代表”重要思想为指导，坚持中国共产党的领导，坚持社会主义初级阶段的基本路线、基本纲领和基本经验，坚持长期共存、互相监督、肝胆相照、荣辱与共的基本方针，保持宽松稳定、团结和谐的政治环境。中国共产党和各民主党派都必须以宪法为根本活动准则，负有维护宪法尊严、保证宪法实施的职责。

这些重要政治准则，是中国共产党与各民主党派在长期团结合作中形成的政治共识，是中国共产党领导的多党合作和政治协商制度保持强大生命力的根本所在，为新时代多党合作始终沿着正确方向健康发展提供了重要的政治规范。

七、衡量我国政党制度的标准

用什么标准来衡量政党制度，是正确评价我国新型政党制度、坚持正确发展方向、不断完善其功能和机制、增强制度自信必须解决的一个重要问题。改革开放以后，一些人总是向往和崇拜西方国家的多党竞争、轮流执政制度，而对中国共产党领导的多党合作和政治协商新型政党制度缺乏自信，一个重要原因，就是把西方竞争性政党制度模式奉为圭臬，作为衡量我国政党制度的标准。

根据毛泽东、邓小平的有关论述和中国社会主义民主政治发展，2000 年，江泽民在第十九次全国统战工作会议上指出："衡量中国的政治制度和政党制度，最根本的是要从中国的国情出发，从中国革命、建设和改革实践的效果着眼，一是看能否促进社会生产力的持续发展和社会全面进步；二是看能否实现和发展人民民主，增强党和国家的活力，保持和发挥社会主义制度的特点与优势；三是看能否保持国家政局的稳定和社会安定团结；四是看能否实现和维护最广大人民群众的根本利益。"

这一衡量标准，以国情为根本基础，以实践为唯一标准，从"生产力、民主、稳定、利益"四个方面提供了衡量标尺，既为正确认识我国新型政党制度、澄清模糊认识提供了科学的判断依据，也为新时代更好地坚持、发展和完善我国的新型政党制度，发挥我国社会主义制度的特点和优势，推进社会主义民主政治指明了方向。

八、我国的各民主党派

我国各民主党派个别在大革命时期建立，大多成立于抗日战争和解放战争时期，虽然建立的时间不同，但都经历了不断进步发展和组合的过程。至 1949 年 9 月，参加中国人民政治协商会议第一次全体会议的共有 11 个民主党派；11 月，三民主义同志联合会、中国国民党民主促进会并入中国国民党革命委员会；12 月，中国人民救国会自行宣布解散，遂形成了在中国大陆范围内，中国共产党与八个民主党派和无党派人士实行多党合作的基本格局。

1. 中国国民党革命委员会。简称“民革”。民革是具有政治联盟性质的、致力于建设中国特色社会主义和祖国统一事业的政党，是中国共产党领导的多党合作和政治协商制度中的中国特色社会主义参政党。民革由原中国国民党民主派和其他爱国主义人士所创建，于 1948 年 1 月 1 日在香港宣告成立。其主要创始人为宋庆龄、李济深、何香凝、谭平山；历任主席为李济深、何香凝、朱蕴山、王昆仑、屈武、朱学范、李沛瑶、何鲁丽、周铁农；现任主席为万鄂湘。

民革的发展对象是同原中国国民党有关系的人士、同民革有历史联系和社会联系的人士、同台湾各界有联系的人士，社会和法制专业人士以及其他人士，着重吸收其中有代表性的中上层人士和中高级知识分子。截至 2018 年年底，共有省级组织 30 个，党员 13.8 万余人。

2. 中国民主同盟。简称“民盟”。民盟是具有政治联盟特点的，接受中国共产党领导、同中国共产党通力合作，进步性与广泛性相统一、致力于中国特色社会主义事业的参政党。民盟于 1941 年 3 月 19 日在重庆秘密成立，成立时的名称是中国民主政团同盟，1944 年 9 月，改为现名。其主要创始人是张澜、沈钧儒、黄炎培、章伯钧等；历任主席为黄炎培、张澜、沈钧儒、杨明轩、史良、胡愈之（代主席）、楚图南、费孝通、丁石孙、蒋树声、张宝文；现任主席为丁仲礼。

民盟的发展对象是以大中城市为主，以高、中级知识分子为主，以从事文化教育以及科学技术工作的知识分子为主。截至 2018 年年底，共有省级组织 30 个，成员 30.9 万余人。

3. 中国民主建国会。简称“民建”。民建是主要由经济界人士组成的、具有政治联盟特点的、致力于中国特色社会主义事业的政党，是中国共产党领导的多党合作和政治协商制度中的参政党。民建于 1945 年 12 月 16 日在重庆成立，主要创始人是黄炎培、胡厥文、章乃器、施复亮、孙起孟等，当时的成员主要是爱国的民族工商业资本家及与其相联系的知识分子。历任主席为黄炎培、胡厥文、孙起孟、成思危、陈昌智；现任主席为郝明金。

民建的发展对象是经济界人士以及有关专家学者。截至 2018 年年底，在全国 30 个省、自治区、直辖市和大中城市都建立了组织，成员 19.3 万人。

4. 中国民主促进会。简称“民进”。民进是以从事教育文化出版工作的高中级知识分子为主、具有政治联盟性质的政党，是同中国共产党通力合作的中国特色社会主义参政党。民进于 1945 年 12 月 30 日在上海成立，当时的成员主要是抗战时期居留在上海的文化教育界进步人士。其主要创始人是马叙伦、王绍鏊、周建人、许广平等；历任主席为马叙伦、周建人、叶圣陶、雷洁琼、许嘉璐、严隽琪；现任主席为蔡达峰。

民进发展的对象是从事教育文化出版以及科技等其他工作的知识分子。截至2018年年底，民进在29个省、自治区、直辖市建立了组织，成员17万余人。

5. 中国农工民主党。简称“农工党”。农工党是以医药卫生、人口资源和生态环境领域高中级知识分子为主，由一部分社会主义劳动者、社会主义事业建设者和拥护社会主义的爱国者组成的，具有政治联盟特点的中国特色社会主义参政党，是中国共产党领导的多党合作和政治协商制度中，同中国共产党通力合作的亲密友党。农工党于1930年8月9日在上海成立，当时的名称是“中国国民党临时行动委员会”，主要是国民党左派人士组成。曾几经更名，1947年2月正式定名为中国农工民主党。其主要创始人为邓演达、黄琪翔、章伯钧、彭泽民等；历任领导人为邓演达、黄琪翔、章伯钧、季方、周谷城、卢嘉锡、蒋正华、桑国卫；现任主席为陈竺。

农工党的发展对象为医药卫生界高中级知识分子、环境保护和人口资源领域的代表人士。截至2018年年底，在30个省、自治区、直辖市建立了组织，党员总数17万余人。

6. 中国致公党。简称“致公党”。致公党是以归侨、侨眷中的中上层人士为主组成的，具有政治联盟特点的，致力于中国特色社会主义事业的参政党。原为华侨政党组织。1925年10月，由华侨社团美洲致公总堂发起，在美国旧金山宣布正式成立。1947年5月，致公党三大在香港召开，成为一个新民主主义的政党。其主要创始人是司徒美堂、陈其尤；历任领导人为陈其尤、黄鼎臣、董寅初、罗豪才；现任主席为万钢。

致公党的发展对象以归侨、侨眷中的中上层人士和其他有海外关系的代表性人士，以及其他方面有代表性的中高级知识分子为主。截至2018年年底，在国内20个省、自治区、直辖市建立了地方组织，党员总数约为5.8万人。

7. 九三学社。九三学社是以科学技术界高、中级知识分子为主的具有政治联盟特点的政党，是接受中国共产党领导、同中国共产党通力合作的亲密友党，是进步性与广泛性相统一、致力于中国特色社会主义事业的参政党。九三学社于1946年5月4日在重庆成立，其前身是“民主科学座谈会”，当时的成员主要是由一批反帝爱国的进步学者组成。其主要创始人是许德珩、潘菽、涂长望等；历任主席为许德珩、周培源、吴阶平、韩启德；现任主席为武维华。

九三学社的发展对象是从事科学技术工作以及高等教育、医药卫生等方面的高、中级知识分子。截至2018年年底，共有省级组织30个，社员总数18.1万余人。

8. 台湾民主自治同盟。简称“台盟”。台盟是由台湾省人士组成的社会主义劳动者、社会主义事业建设者和拥护社会主义爱国者的政治联盟，是接受中国共产党领导、同中国共产党通力合作的亲密友党，是中国共产党领导的多党合作和政治协商制度中的中国特色社会主义参政党。台盟于1947年11月在香港成立。主要创始人是谢雪红、杨克煌等；历任主席为谢雪红、蔡啸、苏子蘅、蔡子民、张克辉、林文漪；现任主席为苏辉。

台盟的发展对象是有祖国大陆的台湾省籍代表性人士。截至2018年年底，台盟在19个省、直辖市建立了组织，现有成员3000多人。

九、无党派人士

无党派人士是指没有参加任何政党、有参政议政愿望和能力、对社会有积极贡献和一定影响的人士，其主体是知识分子。无党派人士是在中国革命的具体历史条件下发展形成的。在新民主主义革命时期，一般称无党无派的知名人士为社会贤达，如1946年召开的旧政协会议，就有九位代表是以“社会贤达”的身份出席的。1948年，郭沫若等无党派知名人士在致电毛泽东，以响应中共中央“五一口号”的时候，为了与以往的社会贤达相区别，最先使用了无党派民主人士的称谓。1949年，中国人民政治协商会议专门设立了“无党派民主人士”界别。无党派代表人士主要有郭沫若、马寅初、巴金、缪云台、程思远等。

无党派人士作为我国重要的政治力量，是中国共产党领导的多党合作和政治协商制度的重要组成部分，具有参政议政、民主监督、参与政治协商的重要职能。

十、“五一口号”

“五一口号”特指1948年4月30日中国共产党为迎接全国解放、成立民主联合政府而发布的“纪念‘五一’劳动节口号”。各民主党派、无党派民主人士热烈响应中共“五一口号”，在多党合作历史上具有标志性的意义。

1948年春，在人民解放战争胜利发展，国民党军事上、政治上、经济上已陷入全面危机的形势下，中国共产党于4月30日适时地发出了“纪念‘五一’劳动节口号”，明确提出“各民主党派、各人民团体、各社会贤达迅速召开政治协商会议，讨论并实现召集人民代表大会，成立民主联合政府”。“五一口号”发布后，立即得到各民主党派、人民团体、海外华侨团体和无党派民主人士的热烈响应。5 月 5 日，中国国民党革命委员会、中国民主同盟、中国民主促进会、中国致公党、中国农工民主党、中国人民救国会、中国国民党民主促进会、三民主义同志联合会等民主党派负责人与无党派民主人士代表，联合致电给中共中央主席毛泽东，表示拥护和支持“五一口号”。民主建国会、台湾民主自治同盟、九三学社及有关人民团体、海外华侨团体、无党派民主人士也先后通电全国或发表声明，表示赞同中共中央“五一口号”。各民主党派领导人相继从国统区奔赴解放区，与中国共产党共同筹备召开新政治协商会议。1949 年 1 月，李济深、沈钧儒、谭平山、郭沫若等 55 位已到达解放区的民主党派领导人和著名民主人士联合发表声明，明确宣告“愿在中共领导下，献其绵薄，贯彻始终，以冀中国人民民主革命之迅速成功，独立、自由、和平、幸福的新中国之早日实现”。

各民主党派响应“五一口号”，标志着民主党派彻底放弃了“第三条道路”，选择了中国共产党领导，走上了新民主主义道路。循着“五一口号”的顶层设计和路线图，中国共产党与各民主党派和无党派人士等筹备召开了中国人民政治协商会议，建立了新中国，确立了中国共产党领导的多党合作和政治协商新型政党制度。

十一、“神仙会”和“三自”“三不”方针

“神仙会”是 20 世纪 60 年代初在统一战线中进行和风细雨、

深入细致思想政治工作的一种方式。“自己提出问题，自己分析问题，自己解决问题”和“不抓辫子、不扣帽子、不打棍子”的“三自”“三不”方针，是中国共产党充分发扬民主、正确对待不同意见的重要体现，也是统一战线在长期实践中形成的自我教育的重要形式。

1957年反右派斗争扩大化以后，党的工作在指导方针上出现了“左”的错误，工商界、知识界和民主党派大多数人思想上相当紧张，怕批判斗争，不敢讲真话，心情不舒畅。1960年初，民建、工商联举行全国代表大会期间，李维汉建议采取中共在延安整风时期创造的和风细雨的办法，开“神仙会”，实行“自己提出问题，自己分析问题，自己解决问题”的“三自”方针，贯彻“不抓辫子、不扣帽子、不打棍子”的“三不主义”，以鼓励大家敞开思想，提出问题，明辨是非，坚定走社会主义道路的信心。这个建议得到毛泽东的赞同。以后，又把这种“神仙会”方式在各民主党派中广泛推广。通过召开“神仙会”，实行“三自”“三不”方针，提高了党外人士的思想认识，缓和了党同工商界、知识界和民主党派的紧张关系，增强了统一战线内部的团结，使党外人士在国家三年经济困难时期，紧紧团结在中国共产党的周围，风雨同舟，共渡难关。

党的十一届三中全会以后，这个在“文化大革命”中遭到破坏的“神仙会”方式和“三自”“三不”方针，得到了恢复和发展。

十二、民主党派参政的基本点

1989年，中共中央颁布《关于坚持和完善中国共产党领导的多党合作和政治协商制度的意见》，首次明确我国民主党派的参政党地位，并明确了民主党派参政的基本点，即："参加国家政权，参与重要方针政策、重要领导人选的协商，参与国家事务的管理，参与国家方针政策、法律法规的制定和执行"。

民主党派参政的基本点，体现在多党合作实践中，就是支持民主党派和无党派人士，按照国家法定程序进行政治参与，在人大、政府、政协和司法机关担任领导职务；就经济社会发展重大问题进行考察调研，发挥其在反映社情民意、协调社会关系、维护社会稳定、开展对外交往方面的积极作用；发挥人才智力优势，开展社会服务活动；就各级政府拟提交人民代表大会审议的政府工作报告、有关重大政策措施和重大建设项目提出意见和建议；参加有关重要会议，参与有关政策、法规的制定和检查工作。

十三、新时代民主党派是中国特色社会主义参政党

2013 年 2 月，习近平总书记在党外人士迎春座谈会上首次提出，各民主党派是"与中国共产党通力合作的中国特色社会主义参政党"。2015 年中共中央颁发的《中国共产党统一战线工作条例（试行)》，对新时代民主党派性质作了规范表述："民主党派是接受中国共产党领导、同中国共产党通力合作的亲密友党，是中国特色社会主义参政党"。这是对民主党派性质的最新界定，也是多党合作理论的重要创新，标志着民主党派的性质实现了又一次历史性转变，我国的多党合作站在一个新的历史起点上。

明确民主党派是中国特色社会主义参政党，反映了民主党派的历史性进步，深刻揭示了新时代民主党派社会主义政党的性

质。我国民主党派在抗日战争胜利前后建立时，其性质是民族资产阶级、城市小资产阶级及其知识分子的联盟。1948 年各民主党派响应中共“五一口号”，选择了中国共产党领导，走上新民主主义道路，成为“具有新民主主义性质”的政党。社会主义改造后，各民主党派中“民族资产阶级和上层小资产阶级的成员将变成社会主义的劳动者的一部分，各民主党派就将变成这部分劳动者的政党”，并开始为社会主义服务。反右派斗争扩大化后和“文化大革命”期间，民主党派又成为“资产阶级性政党”。改革开放后，民主党派作为“各自所联系的一部分社会主义劳动者、社会主义事业建设者和拥护社会主义的爱国者的政治联盟，是接受中国共产党领导、同中国共产党通力合作的亲密友党，是进步性和广泛性相统一、致力于中国特色社会主义事业的参政党”，成为建设中国特色社会主义的重要政治力量。明确民主党派是中国特色社会主义参政党，既是对民主党派具有的社会主义性质的揭示，也是对致力于中国特色社会主义事业的肯定。

民主党派是中国特色社会主义参政党，对新时代民主党派履行职能和参政党建设提出了新的更高的要求。要自觉坚持中国共产党的领导，学习和实践中国特色社会主义，进一步增强理论自信、道路自信、制度自信和文化自信，努力成为中国特色社会主义的亲历者、实践者、维护者、捍卫者，成为中国共产党的好参谋、好助手、好同事。

十四、新时代民主党派组织发展原则

民主党派的组织发展工作，是民主党派自身建设的重要内容，是关系中国共产党领导的多党合作和政治协商制度长期存在发展的重大问题，也是新时代提高成员素质、发挥参政党作用、提高新型政党制度效能的现实需要。

1. 坚持“三个为主”。“以协商确定的范围和对象为主，以大中城市为主，以有一定代表性的人士为主”的方针，符合民主党派的历史特点，符合参政党参加国家政治生活的基本特点和现实要求，必须长期坚持。

2. 注重质量。注重质量是组织发展的核心问题。要突出质量优先，落实组织发展政策规定，严把政治关、廉洁关、质量关。

3. 保持特色。各民主党派在发展中形成的特色，是其存在和发展的重要依据。要发展和培育体现各自界别特色的代表人士，更好地发挥各自优势，履行参政党职能。

4. 健全机制。规范民主党派组织设置，建立健全组织工作机制。建立地方组织要合理布局，确保组织发展平稳健康有序。

5. 组织发展与后备干部队伍建设相结合。后备干部队伍建设是民主党派顺利实现新老交替的基础性工作。要注意吸收政治素质好、层次高、代表性强、有发展潜力的无党派知识分子，并把他们及时充实到后备干部中来。

十五、新时代民主党派的基本职能

民主党派的基本职能是随着多党合作的发展而不断完善的。1956 年 10 月召开的第七次全国统战工作会议上，李维汉首次把民主党派在国家政治生活中的主要作用归结为“参、代、监、改”四个方面，即民主党派参加国家政权，参加国家事务的管理，参与国家重大问题的协商、决定和执行；代表和反映成员及所联系的阶级、阶层的合法权益和合理要求，协助国家适时地调整阶级关系；所谓“监”，在国家政治生活中，中国共产党与各民主党派互相监督；在自愿的基础上，组织广大成员学习马克思列宁主义、毛泽东思想和国家的大政方针，帮助他们进行自我教育和自我改造。2000 年 12 月，《中共中央关于加强统一战线工作的决定》首次明确，“积极支持民主党派履行参政议政、民主监督的职能”。2015 年，中共中央颁布的《中国共产党统一战线工作条例（试行）》，对民主党派的职能作了丰富发展，明确提出：“民主党派的基本职能是参政议政、民主监督，参加中国共产党领导的政治协商。”

新时代民主党派的职能，是社会主义民主政治和新型政党制度性质、特色和优势的重要体现。中国共产党领导的多党合作和政治协商制度，既强调中国共产党的领导，也强调发扬社会主义民主。政治协商、民主监督、参政议政，就是这种民主最基本的体现。民主党派的参政议政主要反映民主党派与国家政权的关系，民主监督主要反映民主党派与中国共产党的关系，而参加中国共产党领导的政治协商，能够实现社会各阶层有序的政治参与和利益表达，能够增进和谐的政党关系，帮助执政党更好地科学执政、民主执政。

十六、新时代多党合作的总体要求

2018 年 2 月，习近平总书记同党外人士座谈并共迎新春时提出，“多党合作要有新气象，思想共识要有新提高，履职尽责要有新作为，参政党要有新面貌”。这“四新”包括了多党合作的总体状态、政治基础和民主党派的职责履行、自身建设，是新时代坚持、发展和完善我国新型政党制度，增强制度自信和提高制度效能的总体要求。

多党合作要有新气象，就是在坚持、发展和完善我国新型政党制度中，进一步增强合作意识、拓展合作领域、营造合作氛围、提高合作境界，开创新时代多党合作的新局面。

思想共识要有新提高，就是要扩大和增进思想共识，在坚持中国共产党领导、坚持发展中国特色社会主义、坚持实现中华民族伟大复兴的政治基础上，进一步打牢多党合作的根基，切实做到同心同向同行。

履职尽责要有新作为，就是民主党派和无党派人士要按照中国特色社会主义参政党要求履行职责，在服务党和国家大局中找准职能定位，积极作为、勇于进取，作出新的建树，把自身特点和优势充分发挥出来。

参政党要有新面貌，就是要按照中国特色社会主义参政党的要求全面加强自身建设，进一步提高政治把握、参政议政、合作共事、组织领导、解决自身问题的能力，在坚持和发展中国特色社会主义事业、实现中华民族伟大复兴中国梦中展示民主党派的良好形象。

十七、加强政党协商

政党协商是中国共产党同民主党派基于共同的政治目标，就党和国家重大方针政策和重要事务，在决策之前和决策实施之中，直接进行政治协商的重要民主形式。它是中国共产党领导的多党合作和政治协商制度的重要内容，是社会主义协商民主体系的重要组成部分，是中国共产党提高执政能力的重要途径。

中共中央同民主党派中央开展政党协商的主要内容包括：中共全国代表大会、中共中央委员会的有关重要文件；宪法的修改建议，有关重要法律的制定、修改建议；国家领导人建议人选；国民经济和社会发展的中长期规划以及年度经济社会发展情况；关系改革发展稳定等重要问题；统一战线和多党合作的重大问题；其他需要协商的重要问题。政党协商的形式是会议协商、约谈协商、书面协商。政党协商的保障机制是知情明政机制、考察调研机制、工作联系机制、协商反馈机制。

各级党委要加强和完善党对政党协商的领导，把握正确方向，充分发扬民主，广泛集智聚力，确保政党协商规范有序、务实高效、充满活力。要高度重视政党协商，营造宽松和谐氛围，加强协商能力建设。

十八、提高“五种能力”

能力建设是新时代民主党派履行职能、发挥作用、体现价值的决定因素。习近平总书记指出，“执政本领建设是中国共产党自身建设的重要方面。同志们要把参政工作做好，也要不断提高本领”。2015 年召开的中央统战工作会议上，习近平总书记在过去提出的提高“四种能力”（即政治把握能力、参政议政能力、组织领导能力、合作共事能力）的基础上，增加了解决自身问题能力。为此，新时代加强民主党派的履职能力建设，最基本的就是支持民主党派加强思想、组织、制度特别是领导班子建设，切实提高各级领导班子成员的政治把握能力、参政议政能力、组织领导能力、合作共事能力、解决自身问题能力。

十九、建设高素质的中国特色社会主义参政党

建设高素质中国特色社会主义参政党的目标：高举中国特色社会主义伟大旗帜，以习近平新时代中国特色社会主义思想为指导，以思想政治建设为核心、组织建设为基础、履职能力建设为支撑、作风建设为抓手、制度建设为保障，建设政治坚定、组织坚实、履职有力、作风优良、制度健全的中国特色社会主义参政党，做自觉接受中国共产党领导、同中国共产党通力合作的亲密友党和好参谋、好帮手、好同事。

建设高素质中国特色社会主义参政党的原则：坚持中国共产党领导，准确把握中国特色社会主义参政党定位，贯彻长期共存、互相监督、肝胆相照、荣辱与共的方针，确保坚定正确的政治方向；坚持民主党派自觉自为，尊重民主党派参政党地位，发挥民主党派主体作用；坚持问题导向，聚焦突出问题和薄弱环节，精准施策，讲求实效，注重自我教育、自我约束、自我提高；坚持照顾同盟者利益，帮助民主党派解决实际问题，提供支持保障。

建设高素质中国特色社会主义参政党的内容：着力深化思想政治建设，加强理论武装，巩固政治共识，强化思想引导，用好网络手段；扎实推进组织建设，加强领导班子建设，推进代表人士队伍建设，提高组织发展质量，提升机关工作水平；强化履职能力建设，紧扣大局履职，发挥整体优势，深入调查研究，健全工作机制；全面加强作风建设，端正思想作风，改进工作作风，严格纪律要求；切实抓好制度建设，建立健全理论学习制度、民主决策制度、民主生活制度、述职和民主评议制度、内部监督制度。

二十、加强民主党派代表人士队伍建设

指导思想：高举中国特色社会主义伟大旗帜，以习近平新时代中国特色社会主义思想为指导，立足当前、着眼长远，科学规划当前和今后一个时期民主党派代表人士队伍建设的目标任务、政策措施和制度保障，进一步拓宽选人视野、注重培养使用、加强监督管理、健全工作机制，努力建设一支政治坚定、素质优良、代表性强、结构合理、充满活力的民主党派代表人士队伍，为坚持好发展好完善好我国新型政党制度，巩固多党合作政治格局，实现“两个一百年”奋斗目标提供坚实的人才保障。

基本原则：坚持党管干部、党管人才，坚持把政治标准放在首位，坚持体现民主党派特色，坚持充分发扬民主。

标准条件：政治坚定，代表性强，品行良好，热爱多党合作事业。

目标任务：整体素质进一步提高，数量规模进一步合理，队伍结构进一步优化，体制机制进一步完善。

二十一、新型政党制度的坚持、发展和完善

2018 年 3 月，习近平总书记在看望参加全国政协十三届一次会议的民盟、致公党、无党派人士、侨联界委员，并参加联组会听取意见和建议时讲，“不忘多党合作建立之初心，坚定不移走中国特色社会主义政治发展道路，把我国社会主义政党制度坚持好、发展好、完善好”。

新型政党制度的坚持、发展和完善，必须坚定不移坚持中国共产党的领导。70 多年来的实践证明，我国多党合作无论经受多大波折，面临多少挑战，都能保持强劲活力，始终沿着正确方向前进，显示出勃勃生机，最根本的就是始终坚持中国共产党的坚强领导。中国特色社会主义进入新时代，社会上仍然有一些人对我国多党合作制度存在错误认识。对此，我们必须保持清醒头脑，认真厘清和坚决反对，更加自觉地坚持中国共产党的领导。

新型政党制度的坚持、发展和完善，必须进一步巩固共同思想政治基础。中国共产党同各民主党派和无党派人士团结合作，是建立在共同思想政治基础之上的。今天，我们的共同思想政治基础就是中国特色社会主义。中国特色社会主义事业越是向前推进，越需要凝聚最广泛的力量。当前，我们面临着艰巨复杂的改革发展任务，同时意识形态领域的斗争形势依然错综复杂。要把中国特色社会主义作为共同理想信念、共同前进方向、共同奋斗目标，不断巩固共同思想政治基础，推动新型政党制度持续健康发展。

新型政党制度的坚持、发展和完善，必须不断加强多党合作制度建设。中国共产党领导的多党合作和政治协商制度，反映了人民当家作主的社会主义民主政治的本质，是我国政治格局稳定的重要制度保证，是我们党和国家的制度优势和特点的一个很重要的方面。要从增强制度自信、为人类政治文明提供中国方案的高度，深入研究多党合作的理论基础、鲜明特征、实践价值和运行机制，不断推进多党合作理论创新、实践创新和制度创新。

新型政党制度的坚持、发展和完善，必须努力建设高素质的中国特色社会主义参政党。新中国成立 70 多年来的实践表明，只有不断加强自身建设，民主党派才能始终保持进步性特征，才能不断提升履行参政党职能的能力素质，多党合作才能取得新发展、迈上新台阶。要支持民主党派加强自身建设，加强思想政治、组织、履职、作风和制度建设，努力把中国特色社会主义参政党建设提高到新水平，使参政党有新面貌。

第三章　民族工作

一、我国民族基本情况

民族是在一定历史发展阶段形成的稳定的人民共同体。一般来说，民族在历史渊源、生产方式、语言、文化、风俗习惯以及心理认同等方面具有共同的特征。1949 年中华人民共和国成立以来，通过识别并经中央政府确认，我国共有民族 56 个，即汉、蒙古、回、藏、维吾尔、苗、彝、壮、布依、朝鲜、满、侗、瑶、白、土家、哈尼、哈萨克、傣、黎、傈僳、佤、畲、高山、拉祜、水、东乡、纳西、景颇、柯尔克孜、土、达斡尔、仫佬、羌、布朗、撒拉、毛南、仡佬、锡伯、阿昌、普米、塔吉克、怒、乌孜别克、俄罗斯、鄂温克、德昂、保安、裕固、京、塔塔尔、独龙、鄂伦春、赫哲、门巴、珞巴和基诺族。其中，汉族人口占绝大多数，其他 55 个民族人口相对较少，习惯上称为“少数民族”。

我国各民族的人口分布呈现大散居、小聚居、交错杂居的特点。汉族地区有少数民族聚居，民族地区也有汉族居住，你中有我、我中有你；许多少数民族既有一块或几块聚居区，又散居全国各地。西南和西北是少数民族分布最集中的两个区域。西部 12 个省、自治区、直辖市居住着全国近 70% 的少数民族人口，边疆

9 个省、自治区居住着全国近 60% 的少数民族人口。

二、中华民族多元一体的格局

“中华民族多元一体的格局”是著名社会学家和人类学家费孝通先生 1989 年提出来的。所谓“多元”，是指中华民族不是单一的民族，而是由 56 个兄弟民族所组成的复合民族共同体。所谓“一体”，是指 56 个民族在长期的历史发展过程中已结合成相互依存的统一而不能分割的整体。中国各民族在历史舞台上扮演不同角色，最终形成多元一体的格局。从动态的角度来看，亦即从中华民族文化的历史发展趋势来看，具有多元化与一体化的特点。从静态的角度来看，亦即从中华民族文化现实状况来看，具有多样性与同一性两大特征。

中华民族是我国不同民族在长期历史发展过程中相互之间交往交流交融的产物。我国各民族的起源和发展有着本土性、多元性、多样性的特点。距今四五千年前，中华大地上就形成了华夏、东夷、南蛮、西戎、北狄五大民族集团。各民族在发展中互相吸收，经过不断的迁徙、杂居、通婚和交流，逐步融合为一体，又不断产生新的民族。其结果是有的民族延续至今，有的却由于融合、战争以及生态环境恶化和改换名称等原因而消失在历史的长河中。我国各民族形成和发展的情况虽然各不相同，但总的方向是发展成为统一的多民族国家，汇聚成为统一稳固的中华民族。中华民族与各民族的关系，是一个大家庭与家庭成员的关系；各民族之间的关系，是一个大家庭里不同成员之间的关系。各民族共同开发了祖国的锦绣河山、广袤疆域，共同创造了悠久的中国历史、灿烂的中华文化。我国历史演进的这个特点，造就了我国各民族在分布上的交错杂居、文化上的兼收并蓄、经济上的相互依存、情感上的相互亲近，形成了你中有我、我中有你，谁也离不开谁的多元一体格局。

三、民族区域自治制度

民族区域自治制度是我国的一项基本政治制度，是中国特色解决民族问题的正确道路的重要内容。它是指在国家的统一领导下，各少数民族聚居地方实行区域自治，设立自治机关，行使自治权。民族区域自治是在国家统一领导下的自治，各民族自治地方都是国家不可分离的部分，各民族自治地方的自治机关都必须服从中央的领导。坚持和完善民族区域自治制度，要坚持统一和自治相结合、民族因素和区域因素相结合。民族区域自治不是某个民族独享的自治，民族自治地方更不是某个民族独有的地方。

我国民族自治地方的设立是根据当地民族关系、经济发展等条件，并参酌历史情况而确定的。目前，我国民族自治地方依据少数民族聚居区人口的多少、区域面积的大小，分为自治区、自治州、自治县三级，行政地位分别相当于省、设区的市和县。

民族自治地方的自治机关依法行使以下权力：一是自主管理本民族、本地区的内部事务。民族自治地方各民族人民行使宪法和法律赋予的选举权和被选举权，通过选举出人民代表大会代表，组成自治机关，行使管理本民族、本地区内部事务的权力。自治区主席、自治州州长、自治县县长全部由实行区域自治的民族的公民担任。二是享有制定自治条例和单行条例的权力。《中华人民共和国民族区域自治法》规定：民族自治地方的人民代表大会除享有地方国家权力机关的权力外，还有权依照当地民族的政治、经济和文化的特点，制定自治条例和单行条例。三是自主安排、管理、发展经济建设事业。民族自治地方的自治机关根据法律规定和本地方经济发展的实际，合理调整生产关系和经济结构，自主管理隶属于本地方的企业、事业单位。民族自治地方的自治机关依照法律规定管理和保护本地方的自然资源，有管理地方财政的自治权。四是自主发展各项文化社会事业。民族自治地方的自治机关根据国家教育方针，依照法律的规定，决定本地方的教育规划，各级各类学校的设置、学制、办学形式、教学内容和招生办法。民族自治地方的自治机关自主发展具有民族形式和民族特点的文学、艺术、新闻、出版、广播、电影、电视等民族文化产业。民族自治地方的自治机关组织支持有关方面搜集、整理、翻译和出版民族历史文化书籍，保护名胜古迹、珍贵文物和其他重要历史文化遗产，继承和发展优秀民族传统文化。

四、平等团结互助和谐的社会主义民族关系

平等团结互助和谐的社会主义民族关系，体现了中华民族多元一体的基本格局，体现了中华民族大家庭的根本利益，体现了中国特色社会主义制度的优越性。

平等是社会主义民族关系的基石。各民族只有一律平等，才能共同行使当家作主的权力，更好地参与国家事务和地方事务的管理，国家才能长期稳定和发展。在我国，各民族不分大小、历史长短、发展阶段高低，都是中华民族大家庭中平等的一员。

团结是我国各族人民的生命线。各民族只有同心同德、携手共进，才能巩固和发展民主团结、生动活泼、安定和谐的政治局面，形成中华民族的强大凝聚力和牢固向心力。做好民族工作，

最关键的是搞好民族团结，最管用的是争取人心。

互助是社会主义民族关系的保障。各民族只有互相支持、互相帮助，优势互补、守望相助，才能实现共同发展、共同富裕。对少数民族和民族地区经济社会发展的支持帮助，就是民族互助的重要体现。

和谐是社会主义民族关系的本质。各民族只有和睦相处、亲如一家，才能充分发挥中华民族的整体优势和创造活力，更好地实现中华民族的伟大复兴。中华民族大家庭为民族关系和谐奠定了坚实基础。

正确认识和处理我国民族关系，最根本的就是要始终不渝地坚持民族平等，加强民族团结，推动民族互助，促进民族和谐。

五、民族工作的根本要求

坚定不移走中国特色解决民族问题的正确道路，是党的民族理论和政策的集中体现，是长期实践总结的基本经验。《中国共产党统一战线工作条例（试行）》明确提出，新时代民族工作的根本要求是：坚定不移走中国特色解决民族问题的正确道路，坚持中国共产党的领导，坚持中国特色社会主义道路，坚持维护祖国统一，坚持各民族一律平等，坚持和完善民族区域自治制度，坚持各民族共同团结奋斗、共同繁荣发展，坚持打牢中华民族共同体的思想基础，坚持依法治国。加强各民族交往交流交融，促进各民族和睦相处、和衷共济、和谐发展，巩固和发展平等团结互助和谐的社会主义民族关系，依靠各民族共同力量实现中华民族伟大复兴。

六、新时代民族工作的主题

2003 年，以胡锦涛为总书记的党中央在系统总结我国民族工作的成就和经验的基础上，提出“共同团结奋斗、共同繁荣发展”是新世纪新阶段民族工作的主题。2014 年，习近平总书记在新疆考察时指出：要“坚持正确的祖国观、民族观，全面贯彻党的民族政策，牢牢把握各民族共同团结奋斗、共同繁荣发展的主题，促进各民族和睦相处、和衷共济、和谐发展。”在党的十九大报告中，习近平总书记进一步强调，“铸牢中华民族共同体意识，加强各民族交往交流交融，促进各民族像石榴籽一样紧紧抱在一起，共同团结奋斗、共同繁荣发展”。

坚持“两个共同”的主题，是着眼中华民族伟大复兴中国梦的战略全局，对增进民族团结、凝聚复兴力量提出的新要求，为加强民族团结和推进共同发展指明了方向和路径，是新时代正确处理民族问题、切实做好民族工作的根本。共同团结奋斗，就是要把全国各族人民的智慧和力量凝聚到全面建成小康社会上来，凝聚到建设中国特色社会主义上来，凝聚到实现中华民族的伟大复兴上来。共同繁荣发展，就是要铸牢中华民族共同体意识，全面落实新发展理念，千方百计加快少数民族和民族地区经济社会发展，不断提高各族群众的生活水平，共同进入全面小康社会。只有各民族共同团结奋斗，各民族共同繁荣发展才能具有强大动力；只有各民族共同繁荣发展，各民族共同团结奋斗才能具有坚实基础。坚持和把握好“两个共同”主题，就能在全面建成小康社会、实现中华民族伟大复兴中国梦的历史进程中，不断开创民族工作和民族团结的新局面。

七、铸牢中华民族共同体意识

习近平总书记在党的十九大报告中指出，“铸牢中华民族共同体意识”。这是马克思主义民族理论中国化的重大理论创新成果，是习近平总书记关于民族工作的重要观点，是新时代开展民族工作的重要遵循。

我国是一个统一的多民族国家。在长期的历史发展进程中，各民族像石榴籽一样紧紧抱在一起，形成了 56 个民族共同组成的你中有我、我中有你、谁也离不开谁的中华民族命运共同体。铸牢中华民族共同体意识，在民族认同层面要处理好“多元”与“一体”的关系。“多元”指的是 56 个民族，“一体”指的是由 56 个民族所构成的中华民族。既要尊重“多元”存在的客观事实，更要认识“一体”与“多元”的内在联系。“多元”是“一体”基础上的多元，是与“一体”不可分割地联系在一起；“一体”是以具有自身不同特点的“多元”构成的共同体，是以尊重和照顾“多元”为前提的。

铸牢中华民族共同体意识离不开文化的滋养。中华文化源远流长，是把中华民族紧紧凝聚在一起的文化纽带。与中华民族的“多元一体”相一致，中华文化也是“多样性”与“共同性”的有机统一。传承和发展中华优秀传统文化，既要深刻认识其多样性，尊重和发展各民族的优秀文化，更要强调其共同性，多宣传中华民族共有的文化，以强化各民族群众对中华文化的整体认同，建设各民族共有精神家园，打牢中华民族共同意识的思想文化基础。

八、增强“五个认同”

《中国共产党统一战线工作条例（试行)》指出：“全面深入持久开展民族团结进步创建活动，积极培育中华民族共同体意识，增进各族群众对伟大祖国、中华民族、中华文化、中国共产党、中国特色社会主义的认同。”

1. 增进对伟大祖国的认同。就是深刻认识历史悠久的中国是各族人民共同缔造的命运共同体，维护祖国统一是各族人民的根本利益所在；

2. 增进对中华民族的认同。就是深刻认识中华民族和各民族是一个大家庭里不同成员的关系，倍加珍惜来之不易民族团结大好局面，坚决反对一切危害各民族大团结的言行，铸牢维护民族团结、社会稳定的铜墙铁壁；

3. 增进对中华文化的认同。就是深刻认识中华文化是各民族文化的集大成，是我们共有的精神家园，是凝聚中华民族的精神纽带；

4. 增进对中国共产党的认同。就是深刻认识中国共产党是领导中国特色社会主义事业的核心，始终紧紧团结在党的周围；

5. 增进对中国特色社会主义的认同。就是深刻认识中国特色社会主义是党和各族人民长期实践探索取得的根本成就，是实现我国社会主义现代化、创造人民美好生活的必由之路。

九、促进各民族交往交流交融

2014 年 9 月，习近平总书记在中央民族工作会议上明确指出，“要加强各民族交往交流交融，尊重差异、包容多样，让各民族在中华民族大家庭中手足相亲、守望相助”。这是新时代加强民族团结的必然趋势和内在要求，也是开展民族工作必须把握的一条主线。

民族交往是指民族与民族之间的接触往来以及族际关系的协调。民族交往具有社会性，主要是在一定历史条件下发生在民族个人、群体、族别、国家之间的互动与往来，它既以物质层面的彼此交换与相互作用为现实基础，又包括精神层面上的相互理解、彼此协调。

民族交流涉及民族生存和发展所需的各领域、各方面的交流，涉及物质资料的生产、精神产品的生产、人类自身的生产（即民族生命群体的延续）。民族交流是民族发展的重要因素，也是民族发展的重要动因和形式，民族只有在纵向质的演进和横向量的扩展过程中，才能实现其政治、经济、文化、社会的全面发展。

民族交融是指各民族在交往交流中，在尊重差异的基础上相互学习、相互接近、相互认同的过程，就是吸收各民族的优秀文化成果建设共同的精神家园。民族交融是一个长期的、自然的、缓慢的、时刻都在进行的历史过程，具有尊重差异、重在过程、强调认同等特征。民族交融并不是要消除民族差异，消除各民族文化之间的差别，而是指吸收各民族的优秀文明成果形成共同的价值导向和精神家园，是各民族在相互认同基础上发展成为更大的相互包容的共同体。

十、推动少数民族和民族地区经济社会发展

现阶段我国的民族问题，集中地表现为少数民族和民族地区迫切要求加快经济社会的发展。推动少数民族和民族地区经济社会发展，是党中央的一贯方针，也是促进少数民族和民族地区与全国其他地方一道实现全面小康社会目标的重大举措。

明确民族地区经济社会发展基本思路。紧紧围绕全面建成小康社会目标，深入实施西部大开发战略，以提高基本公共服务水平、改善民生为首要任务，以扶贫攻坚为重点，以教育、就业、产业结构调整、基础设施建设和生态环境保护为着力点，以促进市场要素流动与加强各民族交往交流交融相贯通为图景，把发展落实到解决区域性共同问题、增进群众福祉、促进民族团结上，推动各民族和睦相处、和衷共济、和谐发展，走出一条具有中国特色、民族地区特点的科学发展路子。

完善差别化支持政策。把加大中央支持与激发民族地区内生动力相结合，不断增强民族地区自我发展能力。进一步完善一般性财政转移支付增长机制，率先在民族地区实行自愿有偿使用制度和重大补偿制度，支持民族地区以建设“一带一路”为契机，在口岸建设、基础设施互联互通等方面给予支持，全面提升开放型经济水平。

加快产业结构调整。大力发展现代农业、民族手工业、旅游业等特色产业，努力提升民族品牌培育和企业质量管理水平；支持民族地区重点企业技术改造和创新提升；支持东部地区符合民族地区特点和生态环境要求的产业有序梯度转移；支持边境贸易等。

切实提高少数民族地区群众的生产生活水平。支持教育事业优先发展，多措并举扩大就业，支持发展农牧业、农畜产品加工业，鼓励发展农牧民专业合作组织，促进农牧民就业和稳定持续增收。鼓励在民族地区的中央企业和对口援建项目吸纳当地员工。做好少数民族高校毕业生就业工作。特别要集中力量抓好扶贫攻坚，以集中连片特困地区、边远地区、人口较少少数民族地区为主攻方向，建立精准扶贫工作机制，完善社会救助和保障机制，确保2020年基本消除绝对贫困现象。

十一、做好散居和城市少数民族工作

我国的少数民族，除了大部分聚居在边疆和民族自治地方外，还有回、满、蒙古、苗、彝、瑶等民族约3000多万人散居、杂居在全国的城镇和农村。改革开放以来，我国进入了各民族跨区域大流动的活跃期，在发展社会主义市场经济的活动中，各民族间交往日益频繁，由经济利益等原因引起的摩擦和纠纷增多，散居和城市少数民族工作显得更加重要。要认真做好散居和城市少数民族工作，加大服务和管理力度，依法保障他们的正当权益。

帮助散居和城市少数民族群众发展经济。在社会主义市场经济环境中，一些散居和城市少数民族群众在生产、生活等方面面临着一定的困难和压力。各级党委和政府应从政策、资金、技术等方面给予倾斜，采取保护性措施，提供优惠条件，以帮助散居和城市少数民族群众排忧解难、改善生活、加快发展。要培养选拔那些不仅能自己致富，而且能带领群众致富的经济能人进入散居地区领导岗位，充分利用各种优势，帮助这些地区的少数民族成员尽快走上富裕之路。

切实保障散居和城市少数民族群众的各项权益。与少数民族聚居地区相比，散居和城市少数民族群众居住分散，民族种类多样，他们的具体利益、实际困难往往容易被忽视。各级党委和政府要落实好有关方针政策，充分保障他们的各项平等权利，尊重他们的宗教信仰和风俗习惯，避免和坚决制止伤害民族感情和民族权益的事情发生。

在散居地区和城市大力开展民族团结进步教育活动。散居和城市少数民族群众与汉族群众接触机会较多，发生摩擦、产生误会的因素会随之增多。要加大宣传和落实有关民族政策和法律法规的力度，使散居地区群众都能认识到，民族之间经济文化的交流有利于当地的长远发展，从而在交流联系中增进理解、消除隔阂，互相帮助、共同发展。

建立健全散居和城市民族工作网络和机制。要加强对散居和城市少数民族工作的领导，把散居和城市少数民族工作与所在地区和城市的整体工作结合起来，与聚居地区少数民族工作结合起来，逐步建立适合当地实际情况的灵活有效的管理机制和管理网络，及时妥善处理涉及民族宗教因素的突发事件，有效维护社会稳定。对少数民族流动人口，不能采取“关门主义”的态度，也不能采取放任自流的态度，关键是要抓住流入地和流出地的两头对接。要把着力点放在社区，推动建立相互嵌入的社会结构和社区环境，注重保障各民族合法权益，坚决纠正和杜绝歧视或变相歧视少数民族群众、伤害民族感情的言行。引导流入城市的少数民族群众自觉遵守国家法律和城市管理规定，让城市更好接纳少数民族群众，让少数民族群众更好融入城市。

十二、加强少数民族和民族地区干部队伍建设

少数民族干部和人才是少数民族中的优秀分子，他们熟悉本民族的语言、历史、传统和风俗习惯，熟悉当地政治、经济、文化的特点，是党和政府联系少数民族群众的重要桥梁和纽带，是加快少数民族和民族地区经济社会发展的关键。要坚持正确的用人标准，以抓好源头建设、拓宽来源渠道为基础，以加强实践锻炼、强化教育培训为途径，以提高素质、发挥作用为目的，按照信念坚定、为民服务、勤政务实、敢于担当、清正廉洁的好干部标准，大力培养、大胆选拔、充分信任、放手使用少数民族干部，培养长期在民族地区工作的汉族干部，保持干部队伍结构合理，建设一支明辨大是大非立场特别清醒、维护民族团结行动特别坚定、热爱各族群众感情特别真挚的高素质的少数民族和民族地区干部队伍。

强化理论武装，把全面提高政治素质作为少数民族和民族地区干部队伍建设的根本。加强思想政治建设，不论哪个民族的干部都要自觉站在中华民族整体利益的高度，立足党和国家工作大局，牢记肩负的政治责任，在维护民族团结和国家统一上做表率，在服务人民、推动发展上奋发有为。

拓宽来源渠道，把培养大学生作为少数民族和民族地区干部队伍建设的战略任务。把培养民族地区大学生作为干部的重要来源，支持民族地区的学生到全国各地高等院校学习，重点院校应有一定比例的少数民族和民族地区学生。注重把少数民族优秀产业工人、农牧民吸收到基层干部队伍。

加大交流力度，把实践锻炼作为培养少数民族和民族地区干

部的重要途径。鼓励和引导后备干部到基层一线，在艰苦地区和复杂环境中砥砺品质、增长才干。加大民族地区和东部地区、上级机关干部双向交流力度，加强少数民族干部挂职锻炼和多岗位锻炼。注重培养优秀中高级少数民族领导干部。

十三、依法处理涉及民族因素的矛盾和纠纷

坚持依法治国，用法律思维处理涉及民族因素的社会矛盾和问题，是实现国家长治久安的重要保障。要深刻领会习近平总书记提出的“用法律来保障民族团结”的科学内涵，始终高举维护人民利益、维护法律尊严、维护民族团结、维护国家统一的旗帜，严格区分两种不同性质的矛盾，坚持依法处理涉及民族因素的社会矛盾和纠纷。

坚持法律范围内、法治轨道上处理涉及民族因素的各种问题。不能把涉及少数民族群众的民事和刑事问题归结为民族问题，不能把发生在民族地区的一般矛盾纠纷简单地归结为民族问题，而必须以法律为准绳，具体问题具体分析，是什么问题就按什么问题处理。对涉及民族因素的人民内部矛盾，综合运用政策、法律、经济、行政等手段和教育、协商、调解等方法化解，防止事态扩大和矛盾激化。

坚持严格、公正执法，牢固树立法律权威、法治信仰。不管是哪个民族成员触犯法律，都要严格尺度、依法处理，绝不能以民族划线搞选择性执法，绝不能搞法外的从宽从严。在维护稳定、社会治安管理和反分裂斗争中，不能因为当事人具有特定民族身份就放不开手脚，更不能突出和放大民族因素。

有针对性地开展法制宣传教育，在全社会树立法治理念、法

治思维。以党员、干部为重点，把有关民族工作的法制教育列入培训重要内容，引导广大干部牢固树立法治理念，提高依法行政能力，学会综合运用法律等多种方式，化解人民内部矛盾纠纷，调解利益关系，维护公平正义，维护人民利益。要增强各族群众的法律意识，重点抓好对少数民族流动人口的普法教育，引导各族群众自觉守法、遇事找法、解决问题靠法。

十四、同一切分裂祖国的行为作坚决斗争

民族分裂主义无论是以什么形式、无论在哪里从事分裂祖国活动，都是国家的严重祸害，都是全国各族人民的共同敌人。对一切破坏民族团结、分裂祖国的言行，都要旗帜鲜明地反对，坚决依法严厉打击各种分裂破坏活动，坚决维护民族团结、社会稳定和祖国统一。

充分利用法律武器。团结统一是国家的最高利益、各族群众的共同利益，是民族区域自治的前提和基础。要高举法治旗帜，维护法律权威，掌握对民族分裂势力、宗教极端势力、暴力恐怖势力斗争的主动权，对其破坏活动和分裂行径，要露头就打，坚决消灭在萌芽状态。

加强宣传教育。在各族群众中广泛开展“三个离不开”“五个认同”等宣传教育的同时，坚持用发展的生动事实说话，深入揭批民族分裂主义势力的反动本质，引导各族群众认清境内外民族分裂势力破坏民族团结的险恶用心，自觉树立“团结统一是福，分裂动乱是祸”的意识，切实增强维护民族团结、祖国统一的责任感，夯实反对分裂、维护稳定的精神力量。

注重反分裂的斗争策略。建立健全反分裂斗争的工作机制，

处理好反分裂斗争和维护民族团结的关系，注重把受欺骗和胁迫的群众与民族分裂分子严格区别开来，充分认识民族分裂分子不能代表某个特定民族，以最大限度地团结和依靠各族干部群众，最大限度地孤立和打击极少数不法分子，不断巩固反分裂斗争的群众基础。

第四章　宗教工作

一、我国宗教现状

我国是个多宗教的国家，目前主要有五大宗教，即佛教、道教、伊斯兰教、天主教、基督教。在我国 14 亿人口中，多数人信仰伊斯兰教的十个少数民族总人口 2000 余万人，信仰天主教的约 600 万，信仰基督教的 3800 余万人。受佛教、道教影响的人数，无法确切统计。

目前，我国有依法登记的宗教活动场所 14.4 万处，宗教教职人员约 38 万余人，共有各级宗教团体约 5500 个，其中全国性宗教团体 7 个，即成立于 1953 年的中国佛教协会、成立于 1957 年的中国道教协会、成立于 1953 年的中国伊斯兰教协会、成立于 1957 年的中国天主教爱国会、成立于 1980 年的中国天主教主教团、成立于 1954 年的中国基督教三自爱国运动委员会、成立于 1980 年的中国基督教协会。各宗教团体按照各自的章程选举、产生领导人和领导机构。

截至 2017 年 9 月，经国家宗教事务局批准设立的宗教院校共 91 所，其中全国性的宗教院校六所，即成立于 1956 年的汉语系高级佛学院——中国佛学院、成立于 1987 年的藏传佛教的最高学府——中国藏语系高级佛学院、成立于 1990 年的中国道教学院、成立于1955年的全国性伊斯兰教高等学府——中国伊斯兰教经学院、成立于2006年的我国天主教的中国天主教神哲学院、成立于1952年的我国基督教的全国性神学院——金陵协和神学院。

佛教在我国有2000多年的历史。当前，佛教约有寺院3.35万余座，教职人员约22.2万人。其中藏传佛教的喇嘛、尼姑约13万人，活佛1700余人，寺院4000余座；南传佛教寺院1700余座。

道教是我国土生土长的宗教，形成于公元2世纪。当前，道教有宫观9000余座，教职人员4万余人。

伊斯兰教在7世纪传入我国。当前，伊斯兰教有清真寺3.5万余处，教职人员5.7万余人。

天主教在7世纪传入我国，几经兴衰。鸦片战争后，外国传教士依靠帝国主义势力和不平等条约，取得在华传教特权，深入内地和边疆传教，天主教在我国逐步有较大发展。当前，天主教教区98个，教堂和活动堂点6000余处，宗教教职人员约0.8万人，教堂和聚会点约6万处。

基督教（新教）于19世纪初传入我国。鸦片战争后，外国传教士取得了在华传教的特权，从此基督新教在我国获得了较大发展。当前，基督教有教职人员约5.7万人。

除五大宗教外，我国东北黑龙江及西北新疆地区还有少量的东正教徒，沿海及内地还存在多种民间信仰，一些地区的少数民族还保持着本民族的传统信仰，如妈祖信仰、萨满教等。

二、我国宗教工作本质上是群众工作

习近平总书记在中央统战工作会议和全国宗教工作会议讲话

中明确提出，“我国宗教工作本质上是群众工作”。信教群众是我们党长期执政的群众基础和建设中国特色社会主义的积极力量，在我国的经济、政治、文化和社会建设中发挥着重要的作用和影响。信教群众工作是党的群众工作的一部分，做好信教群众工作是宗教工作的根本任务，要在宗教工作中深入贯彻党的群众路线。

在我国社会主义条件下，信教群众和不信教群众在政治、经济等根本利益上是一致的。人民群众无论信仰或者不信仰宗教、信仰何种宗教，都是建设中国特色社会主义的积极力量，在国家社会政治生活中具有平等的权利和义务。要把信教群众作为人民群众的一部分，让他们共享经济社会发展各项成果，获得物质和精神文化生活上的真诚关心和帮助。要对信教群众的基本状况有比较深入的了解，有针对性地做好团结教育和服务引导工作，对他们进行爱国主义、社会主义、集体主义和科技知识等教育，使他们增强国家意识、公民意识、法制意识，实现权利与义务相统一。要帮助信教群众分清正常宗教活动和打着宗教旗号的违法犯罪活动的界限，认清境外敌对势力利用宗教分裂祖国、危害人民的本质，提高他们遵守法律和抵御境外渗透的自觉性和坚定性。要支持宗教团体和爱国宗教界人士发挥党和政府团结信教群众的桥梁和纽带作用，与信教群众建立密切的联系，把获得信教群众的支持作为一个重要任务。要引导信教群众正确认识和对待改革发展中的利益调整，反映信教群众的利益诉求，协助党和政府做好协调关系、化解矛盾的工作，团结带领信教群众更好地为全面建成小康社会作贡献。

三、党的宗教工作基本方针

党的宗教工作基本方针是我们党在革命、建设和改革的长期实践中形成的。早在新民主主义革命时期，我们党就在《中华苏维埃宪法大纲》《晋察冀边区军民代表大会决议案》和《新华日报》社论《共产党对宗教的态度》中，明确提出尊重宗教信仰自由。新中国成立后，第一届全国人民代表大会通过的《中华人民共和国宪法》明确规定，“中华人民共和国公民有宗教信仰的自由”。1982 年，中共中央下发《关于我国社会主义时期宗教问题的基本观点和政策》，明确提出“尊重和保护宗教信仰自由，是党对宗教问题的基本政策”。

新中国成立后的相当长时期内，我国政府管理宗教事务的模式主要是依靠政策引导、思想教育和群众工作等。随着改革开放和社会主义市场经济发展，宗教工作涉及大量的社会公共事务，根据依法治国方略的要求，宗教事务逐步纳入依法管理范围。1991 年《中共中央、国务院关于进一步做好宗教工作若干问题的通知》第一次明确提出，“依法对宗教事务进行管理”，后又在有关文件法规中重申，并于 2004 年制定颁布了《宗教事务条例》等一系列有关宗教工作的规章。

独立自主自办教会是新中国成立后针对天主教、基督教传入我国后长期受外国势力控制和利用的事实，由我国信教群众作出的自主选择。1950 年 7 月，吴耀宗等 40 名基督教代表人物，联名发表《中国基督教在新中国建设中努力的途径》的“三自宣言”，表明中国基督教徒拥护新中国，摆脱帝国主义势力的控制，实现中国教会自治、自养、自传的主张。同年 11 月，四川省广元县天主教神父王良佐和500多名教徒发表《天主教自立革新宣言》，号召中国天主教徒坚决与帝国主义割断各方面联系，建立自治、自养、自传的新教会。中国基督教爱国会和中国天主教爱国会于1954年和1956年相继成立，中国基督教、天主教走上独立自主自办教会的道路。1982年，中共中央下发的《关于我国社会主义时期宗教问题的基本观点和政策》中，明确提出“要坚持独立自主、自办教会的原则”。1994年1月，国务院颁布《中华人民共和国境内外国人宗教活动管理规定》，明确提出“中国的宗教团体和宗教事务不受外国势力支配”的原则。

引导宗教与社会主义社会相适应的要求，最早可以追溯到新中国成立初期。1950年，周恩来同宗教界人士座谈时指出，宗教界应该“使宗教活动有益于新民主主义社会”。1982年在讨论制定《关于我国社会主义时期宗教问题的基本观点和政策》文件中，李维汉提出“宗教要与社会主义相适应”。1986年赵朴初在全国政协六届四次会议发言中，提出宗教与社会主义社会相协调有两个方面基本条件，即党和国家尊重和保护宗教信仰自由，宗教徒积极为社会主义物质文明和精神文明建设服务。1990年6月，《中共中央关于加强统一战线工作的通知》提出，要引导宗教“同社会主义制度相适应”。1991年2月，中共中央、国务院下发《关于进一步做好宗教工作若干问题的通知》，提出“使宗教同社会主义社会相适应”。1992年5月，中共中央办公厅转发的中央统战部《九十年代统一战线部门工作纲要》提出，“积极引导宗教与社会主义社会相适应”。

在上述基础上，2002年党的十六大报告指出，宗教工作要“全面贯彻党的宗教信仰自由政策，依法管理宗教事务，积极引导宗教与社会主义社会相适应，坚持独立自主自办的原则”。

2003 年中央召开的全国宗教工作座谈会明确提出，“全面贯彻党的宗教信仰自由政策，依法管理宗教事务，坚持独立自主自办的原则，积极引导宗教与社会主义社会相适应”，是党的宗教工作基本方针。

宗教工作基本方针的“四句话”是一个有机整体，前三句是重大政策和原则，后一句是根本方向和目的。

四、全面贯彻党的宗教信仰自由政策

宗教信仰自由是指每个公民有信仰宗教的自由，也有不信仰宗教的自由；有信仰这种宗教的自由，也有信仰那种宗教的自由；在同一宗教里面，有信仰这个教派的自由，也有信仰那个教派的自由；有过去不信教而现在信教的自由，也有过去信教而现在不信教的自由。

全面正确地贯彻宗教信仰自由政策，一方面要求尊重每个公民信仰宗教的自由和不信仰宗教的自由。任何组织和个人都不得强制公民信仰宗教或者不信仰宗教，不得歧视信仰宗教的公民和不信仰宗教的公民。在多数群众不信教的地方，需要注意尊重和保护少数信教群众的权益；在多数群众信教的地方，需要注意尊重和保护少数不信教群众的权益。对不尊重公民宗教信仰自由权利和损害宗教界合法权益的错误行为，应坚决予以纠正。另一方面，要求权利与义务的统一。宗教信仰自由不等于宗教活动可以不受任何约束。宗教界人士和信教群众首先是中华人民共和国的公民，要把国家和人民的根本利益放在首位，承担遵守宪法、法律、法规和政策的义务。宗教必须在宪法和法律规定的权利和义务范围内活动，任何人不得利用宗教反对党的领导和社会主义制度，宗教活动不得妨碍社会秩序和生活秩序。

五、依法管理宗教事务

依法管理宗教事务，是指政府根据宪法和有关法律、法规及规范性文件，对宗教方面涉及国家利益、社会公共利益的关系和行为，以及社会公共活动涉及宗教界权益的关系和行为的行政管理。

依法进行管理，就是要切实保障宗教信仰自由，保证正常宗教活动的有序进行，保护宗教团体的合法权益。依法管理宗教事务的要旨是，保护合法，制止非法，遏制极端，抵御渗透，打击犯罪。依法管理包含两个方面内容：一方面，要管理违背宗教信仰自由政策，侵犯公民宗教信仰自由权利，侵犯宗教教职人员履行正常教务权利，侵犯宗教组织合法权益的事情；另一方面，要规范那些以“宗教信仰自由”为借口，违背宪法、法律和政策的事情，防止和制止不法分子利用宗教和宗教活动制造混乱，违法犯罪，以及境外敌对势力的渗透活动。

我国实行政教分离原则，任何宗教都没有超越宪法和法律的特权。宗教信仰者不能以宗教信仰自由和政教分离为借口，放弃和摆脱政府对宗教事务的管理。在我国，决不允许宗教干预国家行政、干预司法、干预学校教育和社会公共教育；决不允许强迫任何人特别是未成年人入教出家和到寺院学经；决不允许恢复已经被废除的宗教封建特权和宗教压迫制度；决不允许利用宗教反对党的领导和社会主义制度，破坏国家统一和民族团结。

六、坚持独立自主自办的原则

坚持独立自主自办原则，是指我国的宗教事务和宗教团体不受外国势力支配，任何境外宗教组织、团体和个人不得在我国境内成立宗教组织、设立宗教办事机构和宗教活动场所、开办宗教院校、擅自招收留学生，不准在我国公民中发展教徒、委任宗教教职人员或进行其他传教活动。

坚持独立自主自办原则，是基于我国曾经长期遭受帝国主义侵略和掠夺、有的宗教被帝国主义控制和利用的历史事实，是我国信教群众作出的自主选择，为我国社会各界所欢迎，并得到世界许多国家宗教组织和人士的理解和支持。

中国宗教坚持独立自主自办，同时在和平友好、互相尊重的基础上，开展宗教对外友好交往，积极与世界各国宗教组织进行交往和联系。对外交往的同时，要防止境外势力利用宗教进行渗透。利用宗教进行渗透主要有两种情况：一种是打着宗教旗号企图颠覆我国政权和社会主义制度，破坏国家统一、领土完整和民族团结；一种是企图控制我国的宗教团体和干涉我国宗教事务，在我国境内建立宗教组织和活动据点、发展教徒。越是在扩大开放的形势下，越要坚持独立自主自办原则不动摇，越要做好抵御渗透的工作。决不允许任何境外宗教势力重新控制我国的宗教，决不允许任何境外宗教团体和个人干预我国宗教事务，决不允许任何境外宗教组织用任何方式在我国传教。

七、积极引导宗教与社会主义社会相适应

积极引导宗教与社会主义社会相适应，不是要求宗教界人士和信教群众放弃宗教信仰，而是要引导信教群众热爱祖国、热爱人民，维护祖国统一，维护中华民族大团结，服从服务于国家最高利益和中华民族整体利益；拥护中国共产党领导、拥护社会主义制度，坚持走中国特色社会主义道路；积极践行社会主义核心价值观，弘扬中华文化，努力把宗教教义同中华文化相融合；遵守国家法律法规，自觉接受国家依法管理；投身改革开放和社会主义现代化建设，为实现中华民族伟大复兴的中国梦贡献力量。

与社会主义社会相适应是我国宗教的根本方向。宗教团体是党和政府团结、联系宗教界人士和广大信教群众的桥梁和纽带，要为他们开展工作提供必要的支持和帮助，尊重和发挥他们在宗教内部事务中的作用，努力建设政治上可信、作风上民主、工作上高效的高素质领导班子。要坚持政治上靠得住、宗教上有造诣、品德上能服众、关键时起作用的标准，培养爱国爱教的宗教界代表人士，搞好人才队伍建设。要加强爱国宗教力量建设，支持宗教团体加强思想建设、组织建设和制度建设，加强爱国宗教教职人员的培养工作，加强宗教院校的建设。

宗教与社会主义社会相适应是一个长期的过程，关键是在“积极引导”上下功夫。要在“导”上想得深、看得透、把得准，做到“导”之有方、“导”之有力、“导”之有效，牢牢掌握宗教工作主动权。要采取慎重严谨的态度，做耐心细致的工作，根据各个宗教、各个地方的实际，坚持求同存异、团结多数

的原则，把握方向，抓住重点，稳步推进，取得实效，使宗教不断适应社会的发展和进步，成为维护国家统一、民族团结、社会稳定、对外交往的积极力量。

八、坚持我国宗教的中国化方向

宗教同所处社会相适应，是宗教生存发展的趋势和规律。无论是本土宗教还是外来宗教，都要不断适应我国社会发展，充实时代内涵。习近平总书记在党的十九大报告中指出，“坚持我国宗教的中国化方向，积极引导宗教与社会主义社会相适应”。

坚持我国宗教的中国化方向，是对我国宗教发展规律的深刻总结。我国五大宗教，除道教是本土宗教外，佛教、伊斯兰教、天主教、基督教都是从国外传入的。经过与中华文化的碰撞与融合，特别是新中国成立初期的“三自”爱国运动和革新运动，宗教的某些教理教义、思想和艺术，已经成为中华传统文化的有机组成部分，各宗教都逐步走上与社会主义社会相适应的道路，并取得了丰硕成果。

坚持我国宗教的中国化方向，就是要引导各宗教在政治上自觉认同、在文化上自觉融合、在社会上自觉适应中国特色社会主义。要用社会主义核心价值观引领、用中华文化浸润我国各种宗教，鼓励宗教界对宗教思想和教理教义进行符合时代进步要求和中国实际的阐释；主动学习和弘扬中国优秀传统文化，从优秀文化中吸取养分；坚决抵御境外各种势力的渗透、干预和“去中国化”“逆本土化”等倾向。

九、把握宗教社会作用两重性规律

2001年，江泽民在全国宗教工作会议上强调，“我国宗教的社会作用仍然具有两重性，既有积极的一面，也有消极的一面，还会受到一定范围内存在的阶级斗争和国际上一些复杂因素的影响”。对宗教问题，一些同志在认识上出现偏差，一些地方在工作中出现摇摆，根子在没有正确把握好这两重性规律。习近平总书记在中央统战工作会议上进一步指出，“宗教与社会主义社会相适应的过程，应该是调动积极因素、抑制消极因素的过程”。

宗教社会作用两重性在不同社会有不同的表现。在阶级社会，宗教既可以被统治阶级用来维护现存社会秩序，也可以成为被统治阶级用来破坏原有社会秩序的工具。在社会主义社会，宗教的社会作用仍然具有两重性，即既有积极的一面，也有消极的一面，但为发挥积极因素、抑制消极作用创造了有利条件。

把握宗教社会作用两重性规律，就是要调动积极因素，抑制消极因素。发挥宗教积极作用，不是要把宗教当作济世良方、人为助长宗教热，而是要因势利导、趋利避害，引导宗教努力为促进经济发展、社会和谐、文化繁荣、民族团结、祖国统一服务。

十、构建积极健康的宗教关系

我国的宗教关系包括：党和政府与宗教、社会与宗教、国内不同宗教、我国宗教与外国宗教、信教群众与不信教群众的关系。宗教关系是我国政治领域和社会领域中的重要关系，促进宗教关系和谐对党和国家工作全局具有重大意义。习近平总书记在全国宗教工作会议讲话中明确提出，“要构建积极健康的宗教关系”。

在宗教关系中，居于核心地位的是政教关系。我国建立社会主义制度、中国共产党成为执政党以后，政教关系主要表现为党和政府与宗教的关系。处理我国宗教关系，必须牢牢把握坚持党的领导、巩固党的执政地位、强化党的执政基础这个根本，必须坚持政教分离，坚持宗教不得干预行政、司法、教育等国家职能实施，坚持政府依法对涉及国家利益和社会公共利益的宗教事务进行管理。

宗教存在于社会之中，应当履行社会责任，增进社会和谐。我国各宗教发展历程不一样，信教群众数量也不一样，但国家对待各宗教一律平等、一视同仁，不以行政力量发展或禁止某个宗教，任何宗教都不能超越其他宗教在法律上享有特殊地位，支持各宗教加强沟通、增进理解、共同进步。

我国各宗教坚持独立自主自办原则，同外国宗教不存在隶属关系，宗教团体和宗教事务不受外国势力的支配；同时，支持和鼓励各宗教在独立自主、平等友好、相互尊重的基础上，开展对外交流交往，讲好中国宗教故事，促进民心相通。

对信教群众和不信教群众平等对待，不因信教或不信教产生权利和义务不一致的现象，鼓励信教群众和不信教群众相互尊重、和睦相处，共同致力于中华民族伟大复兴的中国梦。

十一、提高宗教工作法治化水平

习近平总书记在全国宗教工作会议讲话中强调，“要提高宗教工作法治化水平，用法律规范政府管理宗教事务的行为，用法律调节涉及宗教的各种社会关系”。这是全面依法治国的必然要求，也是正确处理宗教领域各种矛盾和问题的根本途径。

要抓好新修订的《宗教事务条例》（以下简称《条例》）的贯彻实施，抓紧出台相关配套规章和规范性文件，推动各地尽快修改相关地方性法规和政府规章，指导各全国性宗教团体完善教规制度，构建完备的宗教事务法律规范体系。加大对《条例》实施情况的监督检查力度，确保《条例》确立的各项制度规定落到实处。宗教领域涉及的其他社会事务，要纳入相关法律法规调节，使宗教组织、关系、行为都有明确规范。

要运用法治方式推动解决宗教领域突出问题。宗教事务部门作为政府管理宗教事务的执法主体，要严格依法行政，依法加强对宗教团体、活动场所和教职人员的引导监督，并切实保障宗教界的合法权益，为宗教界开展各项工作提供公共服务。要坚决抵御境外利用宗教进行渗透，有效遏制宗教极端思想蔓延，依法管理互联网宗教事务，依法治理非法宗教活动，切实纠正宗教商业化现象。

要重视政策与法律法规的衔接，做到重大政策于法有据，实践证明行之有效的政策要适时上升为法律法规。宗教事务管理中一些亟须解决的新问题，一时难以通过法律进行规范的，可以按照法定程序作出授权，通过制定政策先行先试。

要开展法治教育，引导宗教界和广大信教群众正确认识和处理国法和教规的关系，自觉遵守宪法和法律。无论是什么人、属于哪个民族、信仰什么宗教，只要触犯法律就要依法处理，决不允许有法外之地、法外之人、法外之教。教育信教群众遵守法律法规是对他们合法权益的最大保护，增强他们依法依规开展宗教活动的自觉性。

十二、加强宗教界代表人士的培养

宗教界代表人士是指在信教群众中有较大影响和较高威望，能与党和政府紧密团结合作，具有良好综合素质并积极发挥作用的宗教教职人员和信徒骨干。加强宗教界代表人士的培养，提升他们正确引领信教群众的能力和水平，对巩固党同宗教界的爱国统一战线，维护国家安全和社会稳定，坚持中国化方向，促进宗教与社会主义社会相适应，具有重要意义。

要根据宗教界代表人士成长的特点和规律，按照政治上靠得住、宗教上有造诣、品德上能服众、关键时起作用的标准，培养更多的爱国爱教的代表人士。在规模上能够满足引领信教群众的需求，适应宗教团体和活动场所管理运转需要；在年龄上形成梯队，老中青合理搭配；结构上各宗教、各教派间保持合理比例，有广泛代表性；在自身素质上，政治素养、宗教学识、道德修养不断提高，始终紧跟时代和社会发展步伐。

十三、内地宗教界在与港澳台宗教界交往的基本原则和规定

内地宗教界与港澳宗教界交往遵循“一国两制”的方针，贯彻“互不隶属、互不干涉、互相尊重”的原则，促进香港、澳门的繁荣稳定。鼓励、支持大陆宗教界与台湾宗教界的友好交往，为促进祖国统一服务。

内地各级党政机关不得干预香港、澳门民间团体和宗教组织的事务。内地宗教组织不得聘请香港、澳门人士参与管理和担任

职务，不得在香港、澳门设立分支机构、代表机构或委托代表机构，不得同意香港、澳门宗教组织在内地发展成员、设立分支机构、代表机构或委托代表机构。内地有关宗教组织与香港、澳门宗教组织在文化、学术等方面交流活动的具体事项，应按国家宗教事务局、国务院港澳事务办公室有关规定办理。内地任何单位和个人与香港、澳门宗教组织以及以宗教为背景的组织进行经济、文化、教育、旅游等方面的交往活动和合作，要征得有关部门同意并备案。内地任何个人不得在香港、澳门宗教组织中担任职务和参与管理。

对台湾有合法地位的宗教，总的应本着“互相尊重、互不隶属、互不干涉”的原则对待。台湾宗教职业人员和信徒，来大陆探亲旅游期间，对他们的宗教信仰应予尊重，不歧视，不干涉。台湾的宗教职业人员和信徒在大陆，可以到开放的教堂、寺观过宗教生活，但不允许从事传教、发展教徒和建立教会的活动。台湾宗教职业人员和信徒来大陆，可以携带自用的在大陆合法的宗教经典。台湾宗教职业人员或信徒如在大陆进行传教活动时，接待单位、宗教部门应向他们说明大陆的宗教政策和有关法规，进行教育劝阻。

十四、我国政府对中国境内外国人宗教活动的有关政策规定

根据《中华人民共和国境内外国人宗教活动管理规定》等有关法规的规定：1. 中华人民共和国尊重在中国境内外国人宗教信仰自由，保护外国人在宗教方面同中国进行的友好往来和文化学术交流活动。2. 外国人可以在中国境内的宗教活动场所参加

宗教活动；经省、自治区、直辖市以上宗教团体的邀请，外国人可以在宗教活动场所讲经、讲道。3. 外国人可以在其住所和经县以上人民政府宗教事务部门指定的场所举行非中国公民参加的宗教活动。4. 外国人在中国境内经所在地宗教团体同意，可以邀请中国宗教教职人员为其举行洗礼、婚礼、葬礼和道场法事等宗教仪式。5. 外国人进入中国国境，可以携带自用的宗教印刷品、宗教音像制品和其他宗教用品。禁止携带有危害中国社会公共利益内容的宗教印刷品、宗教音像制品和其他宗教用品入境。6. 外国人招收中国宗教留学人员或者到中国宗教院校留学和讲学，按照中国的有关规定办理。7. 外国人在中国境内进行宗教活动，应当遵守中国法律、法规，不得在中国境内成立宗教组织、设立宗教办事机构、建立寺观教堂或者开办宗教院校，不得在中国公民中发展教徒、委任宗教教职人员和进行其他传教活动。8. 对违反中国境内外国人宗教活动管理规定的，县级以上人民政府宗教事务部门和其他有关部门应当予以劝阻、制止；构成违反外国人入境出境管理行为的，由公安机关依法进行处罚；构成犯罪的，由司法机关依法追究刑事责任。

十五、共产党员不能信仰宗教

习近平总书记在全国宗教工作会议上明确指出："共产党员要做坚定的马克思主义无神论者，严守党章规定，坚定理想信念，牢记党的宗旨，绝不能在宗教中寻找自己的价值和信念。"

共产党员不能信仰宗教是我们党的一贯原则。马克思主义创始人从一开始就明确了共产主义与宗教之间的界限，指出"共产主义是径直从无神论开始的"。毛泽东在《新民主主义论》中指出："共产党员可以和某些唯心论者甚至宗教徒建立在政治行动上的反帝反封建的统一战线，但是决不能赞同他们的唯心论或宗教教义。"2002 年，《中共中央、国务院关于加强宗教工作的决定》指出，"共产党员不得信仰宗教，要教育党员、干部坚定共产主义信念，防止宗教的侵蚀"。党的十八届六中全会通过的《关于新形势下党内政治生活的若干准则》规定，党员"不准信仰宗教，不准参与邪教，不准纵容和支持宗教极端势力、民族分裂势力、暴力恐怖势力及其活动"。

共产党员不能信仰宗教是由党的性质和共产党人辩证唯物主义的世界观决定的。共产党员绝不能把自己混同于党外群众，必须在思想上、政治上和行动上自觉按照党章标准严格规范自己，按照马克思主义理论全面塑造自己。如果允许党员信教，就等于允许党内唯心主义与唯物主义两种世界观并存、有神论与无神论并存，允许一些党员既接受党组织的领导、又可以皈依于不同宗教人士的门下，势必造成马克思主义指导地位的动摇和丧失，在组织上造成党的分裂，党员成为某一种宗教势力的代言人，党的宗教工作将从根本上产生动摇。

共产党员不能信仰宗教，是我们党的政治纪律和政治规矩，不能有丝毫含糊。在基本上全民信教的少数民族当中，生活在基层的共产党员也要遵守这一规定，但应当按照具体情况，区别对待，以利于联系群众。

第五章　党外知识分子工作

一、知识分子与党外知识分子

知识分子是指在同时代社会劳动者中具有较高程度文化专业知识，并以创造、积累、传播文化专业知识为专门职业的脑力劳动者。我国现阶段的知识分子，主要是分布在科研、教育、工程技术、文化艺术、医药卫生等领域的脑力劳动者。在社会主义条件下，知识分子已经成为“工人阶级的一部分”，而且是“工人阶级中掌握科学文化知识较多的一部分”。

党外知识分子，有广义与狭义之分。广义的党外知识分子，是指没有加入中国共产党的知识分子，包括参加各民主党派的知识分子和没有参加任何党派的无党派知识分子。狭义的党外知识分子，是指没有加入中国共产党和各民主党派的知识分子。党外知识分子是我国目前知识分子队伍中人数最多的群体，是统一战线中党外代表人士的源头，是我国人才队伍的重要组成部分，是推进革命、建设和改革事业的依靠力量和建设创新型国家的重要力量。高等院校、科研院所、国有企业党外知识分子密集，是党外知识分子工作的重要阵地。

二、党外知识分子工作是统一战线的基础性、战略性工作

习近平总书记在中央统战工作会议讲话中明确指出，“党外知识分子工作，是统一战线的基础性、战略性工作”。在党的十九大报告中又强调，“加强党外知识分子工作”，“发挥他们在中国特色社会主义事业中的重要作用”。这是对党外知识分子工作地位作用的科学判断，对新时代做好党外知识分子工作、发挥统一战线整体作用具有重大意义。

党外知识分子作为革命、建设和改革的重要力量，历来是统一战线的重要成员。新民主主义革命时期的统一战线，是工人阶级、农民阶级、城市小资产阶级和民族资产阶级的联盟，其中小资产阶级的代表主要是党外知识分子。正如毛泽东所说，“中国是一个被民族压迫和封建压迫所造成的文化落后的国家，中国的人民解放斗争迫切地需要知识分子”。社会主义改造基本完成后，广大知识分子包括从旧社会过来的知识分子，绝大多数成为工人阶级的一部分，但仍作为统一战线成员在社会主义建设中发挥作用。改革开放后，包括党外知识分子在内的知识分子作为工人阶级的一部分和劳动者，同工人、农民共同构成了统一战线的重要基础和我们党执政的阶级基础。

党外知识分子是统一战线各个领域代表性人物的源头。新时代 12 个方面的统战工作对象中，除党外知识分子外，各民主党派、无党派人士、新的社会阶层人士、出国和归国留学人员、少数民族人士等，其主体构成主要是党外知识分子，特别是他们的代表人物，都来源于党外知识分子。做好党外知识分子工作，就抓住了各个领域党外代表人士的源头，就可以源源不断地为党外

干部队伍输送人才。

进入中国特色社会主义新时代，党外知识分子统战工作的战略性日益凸显。一是人数多。目前，党外知识分子有1亿多人，占知识分子总数的75%。新经济组织和新社会组织中党外知识分子数量、比例大幅度增加，已经形成一个很有影响的党外知识分子群体。留学人员人数增加，已经发展成为我国一个特殊的重要群体。二是作用大。党外知识分子不仅发挥着统一战线人才蓄水池的作用，还在党和国家事业发展中发挥着全面建成小康社会的重要方面军、党和政府科学民主决策的思想库、经济社会协调发展的服务团、了解和反映社情民意的观察站等作用。三是影响广。党外知识分子作为生产力的开拓者、文化的创造者、知识的传播者，不仅影响着社会生产力发展，也影响着社会舆论和价值观念；不仅影响着物质文明建设，也影响着精神文明建设；不仅影响着今天，也影响着明天。必须把他们紧密团结在党的周围，充分发挥他们的智慧和才能。

三、党外知识分子工作的对象、范围和任务

统战部门党外知识分子工作的对象主要是党外高中级知识分子，特别是各界有代表性、有影响的人士，包括各级人大代表、政协委员中的党外知识分子，各民主党派、有关人民团体和文史馆、参事室中的党外知识分子，担任中国科学院、中国工程院院士的党外知识分子，各高校及科研机构担任学科带头人或重要业务骨干的党外知识分子，国有大中型企业有代表性的党外知识分子，民营科技企业、外资企业、社会中介组织和自由职业人员中有代表性的党外知识分子，出国和归国留学人员中的党外知识分

子。各级统战部门还根据自己工作领域的实际情况，确定具体的工作对象和范围。

统战部门在党外知识分子工作方面的任务是了解情况，掌握政策，协调关系，举荐人才。具体要做好以下工作：联系各界党外知识分子代表人士，了解他们的实际情况，反映他们的意见和要求，反映知识分子问题全貌；调查研究党外知识分子思想上、工作上和生活中存在的普遍性问题，提出政策性建议，协调党与党外知识分子的关系；参与研究和制定知识分子政策，督促检查知识分子政策在党外知识分子中贯彻落实的情况；发现、培养、选拔党外知识分子中的代表性人物，做好对他们的举荐工作；把党外知识分子紧密团结在党的周围，充分调动他们的积极性，为实现祖国统一和中华民族伟大复兴中国梦服务。

四、加强和改进高校、科研院所统战工作

习近平总书记指出，“高等学校、科研院所、国有企业党外知识分子密集，是党外知识分子工作的重要阵地”。高校、科研院所的党外知识分子相对集中，汇集着党外各方面代表人物，是统一战线培养、选拔代表人士的源头和重要基地，是党的统一战线工作的重要基础。做党外知识分子工作，不仅要增强责任意识，配强工作力量，还要改进工作方法，学会同党外知识分子打交道特别是做思想政治工作的本领。

高校、科研院所统战工作范围主要包括：各民主党派成员，无党派人士，党外知识分子，出国和归国留学人员，少数民族人士，有宗教信仰的人士，港澳同胞及在高校就读的港澳学生，台湾同胞及其亲属（包括在大陆定居的台胞和就读的台湾学生），

海外侨胞和归侨侨眷等。重点是专业领域成果显著、政治上有代表性、社会上有影响的党外人士。

高校、科研院所统战工作的主要任务：1. 有针对性地开展思想政治工作，鼓励和引导他们自觉接受党的领导，不断坚定中国特色社会主义信念，将实现个人价值与全面建成小康社会伟大事业紧密结合起来；2. 贯彻“尊重劳动、尊重知识、尊重人才、尊重创造”的方针政策，密切同党外知识分子的联系，积极发现和培养党外重点人才，帮助他们在各自的专业领域和社会政治生活中发挥更大的作用；3. 贯彻党对民主党派的各项方针政策，支持和帮助民主党派基层组织加强思想建设，健全规章制度，做好组织发展工作，加强民主党派基层组织领导班子建设；4. 加大无党派代表人士选拔培养力度，形成相对稳定的无党派代表人士队伍，提高他们的参政议政能力，扩大他们的社会影响，鼓励他们为高校和国家经济社会发展献计出力；5. 加强马克思主义民族观、宗教观和党的民族、宗教政策以及有关法律法规的宣传教育，尊重少数民族的风俗习惯，坚持宗教活动在宗教场所进行，禁止在高校、科研院所园内进行传教和其他宗教活动；6. 认真做好党外代表人士培养选拔和安排使用工作，建立健全培养、举荐党外代表人士的机制，逐步建设一支有一定数量、结构合理、素质良好的党外代表人士和党外干部队伍；7. 开展港澳台和海外统战工作。

五、做好国家机关和国有企事业单位党外知识分子的统战工作

国家机关和国有企事业单位党外知识分子密集，是党外知识

分子工作的传统领域和重要阵地。国家机关和国有企事业单位党外知识分子工作的重点对象是：具有高级职称的党外知识分子、学科带头人或者重要业务骨干中的党外知识分子、担任中层以上领导职务的党外知识分子、其他有成就有影响的党外知识分子。

做好国家机关和国有企事业单位党外知识分子工作，一要增强责任意识。国家机关和国有企事业单位党组（党委）负责本领域、本单位党外知识分子工作，组织党外知识分子参加统一战线工作和活动，把做好国家机关和国有企事业单位党外知识分子工作真正当作分内事、责任田。二要改进工作方法。坚持信任、尊重和包容，善于用谈心的方式去接触，用讲道理的方式去引导，在平等交流中赢得他们的内心认同。

六、留学人员是统战工作新的着力点

习近平总书记指出，“留学人员是人才队伍的重要组成部分，也是统战工作新的着力点”。留学人员主要包括海外留学人员和归国留学人员。在新时代，留学人员已经发展成为我国一个特殊的重要群体，是我国人才资源的重要构成，是科教兴国的重要支撑，是实现中华民族伟大复兴的有生力量。统战部门要以有贡献、有影响、有代表性的党外留学人员为工作重点，并重视发挥党员留学人员的作用，推动留学人员统战工作的开展。

留学人员统战工作的基本方针是：广泛团结，热情服务，积极引导，发挥作用。

留学人员统战工作的主要内容：1. 有针对性地做好思想政治工作。使留学人员自觉接受中国共产党的领导，坚定不移地走中国特色社会主义道路，将学习掌握的科学知识与国家的实际相结合，将实现个人价值与实现中华民族伟大复兴的宏伟目标相结合；2. 发挥留学人员的优势和作用。邀请留学人员参加统战部门组织和参与的各类活动，发挥留学人员在技术、信息、管理等方面的优势，联系和组织留学人员向党和政府及有关部门建言献策，为科学决策提供参考；3. 培养、选拔、安排留学人员中的党外代表人士。综合掌握出国和归国留学人员的基础资料，加强对留学人员代表人士的培训和教育，将归国留学人员中的代表人士推荐到人大、政府、政协、司法机关以及有关群众团体进行适当安排；4. 做好留学人员服务和协调工作。经常了解关心留学人员的工作、学习和生活情况，反映他们的愿望和要求，注意协调好留学人员群体内部、留学人员群体与其他群体、留学人员与有关部门、单位和团体的关系，努力为留学人员排忧解难；5. 加强对留学人员的宣传工作。主要是党和政府关于留学人员的方针政策，祖国改革发展的伟大成就和美好前景，新时代统一战线的性质、地位和作用，留学人员回国创业和为国服务的典型事迹，开展留学人员统战工作的先进经验；6. 重视海外留学人员的工作。通过多种方式加强与他们的联系和交往，为他们回国工作或为国服务牵线搭桥，鼓励海外留学人员在所在国法律许可的情况下，采取合作投资、学术交流、合作研究、技术开发、咨询服务等多种形式为国服务。

留学人员统战工作的主要方法：一是广交朋友，在留学人员中交挚友、诤友；二是依托载体，发挥各民主党派、有关团体尤其是致公党、工商联、侨联、海联会、青联、知联会的作用；三是突出重点，主要是归国留学人员相对集中的高校、科研院所、留学人员创业园区、高新技术产业区以及一些新兴的行业和领域；四是建章立制，主要包括联谊交友制度、定期走访制度、信息反映制度、学习培训制度、总结表彰制度等。

七、加强党外知识分子联谊会建设

党外知识分子联谊会是党委统战部领导的，以党外知识分子为主体的，具有统战性、联谊性的社会团体。它是党委联系党外知识分子的桥梁和纽带，是开展党外知识分子工作的重要载体，是党外知识分子之家，是贯彻习近平总书记的要求，把分散在党政机关、企事业单位、人民团体、各类新经济组织、新社会组织中的党外知识分子组织起来、发挥作用的重要平台。

党外知识分子联谊会的主要任务：一是学习教育，增进对党的路线、方针、政策的认同；二是培养人才，发现和培养一批政治上坚定、专业上突出、群众中认同的优秀人才；三是建言献策，组织开展国情考察、专题调研等活动，了解社情民意，汇聚集体智慧，形成高质量的政策建议，为党委和政府科学决策提供参考；四是服务社会，关心社会发展、关注社会民生、履行社会责任，展示知联会的良好形象；五是联谊交友，加强与统战部门以及成员间的相互了解，密切感情，增进友谊。

加强党外知识分子联谊会建设，要坚持正确方向，始终抓好思想建设，通过理论学习和实践锻炼，积极引导知联会成员增进广泛共识，毫不动摇地坚持中国共产党的领导，坚定走中国特色社会主义道路；坚持服务大局，着力发挥人才荟萃、智力密集的优势，围绕党和政府中心工作，为经济社会科学发展服务，为统一战线工作全局服务；坚持以人为本，充分尊重知联会成员的主体地位，了解需求愿望，关心事业发展，解决实际困难；坚持规范运行，进一步完善知联会组织体系、运行机制，加强科学化、规范化管理，切实发挥知联会的功能与作用。

第六章　新的社会阶层人士统战工作

一、新的社会阶层人士

新的社会阶层人士，在2015年之前，主要是指改革开放以来我国经济社会结构深刻变化中出现的新的社会群体。主要包括：个体户、私营企业主、民营科技企业的创业人员和技术人员、受聘于外资企业的管理技术人员、中介组织的从业人员、自由职业人员等。

2015年中央统战工作会议召开和《中国共产党统一战线工作条例（试行）》的颁布，新的社会阶层人士所涵盖的群体作了调整变化，不再包括非公有制经济人士，同时在原来的私企和外企的管理技术人员、中介组织从业人员、自由职业人员等基础上，增加了新媒体和社会组织从业人员。调整和整合后的新的社会阶层人士，主要包括四个群体：民营企业和外商投资企业管理技术人员、中介组织和社会组织从业人员、自由职业人员和新媒体从业人员。

目前，新的社会阶层人士约7000多万人。随着我国经济转型和科学技术发展，新兴业态不断出现，新的社会阶层人士所涵盖的范围和群体仍将不断扩大和增多。

二、新的社会阶层人士工作是新时代我们党治国理政的重大课题

习近平总书记在党的十九大报告中指出，“做好新的社会阶层人士工作，发挥他们在中国特色社会主义事业中的重要作用”。新的社会阶层人士，主体是知识分子，大多是党外人士。他们是建设中国特色社会主义事业的重要力量，做好他们的工作是新的历史条件下我们党治国理政必须解决的重大课题，是统一战线工作新的着力点。

做好新的社会阶层人士统战工作，是促进经济健康发展的必然要求。新的社会阶层人士活跃在经济和科技领域，是发展社会主义市场经济的重要推动力量。在经济发展新常态下，引导他们增强发展信心，发挥自身优势，积极推动供给侧结构性改革，实施创新驱动发展战略，助推经济转型升级，实现高质量发展，具有重要作用。

做好新的社会阶层人士统战工作，是维护意识形态安全的必然要求。新的社会阶层人士思想活跃多元，许多人具有批判意识，是影响思想文化和社会舆论的重要力量。在新时代意识形态领域斗争尖锐复杂、互联网成为思想舆论斗争前沿的新形势下，切实加强对他们的团结和思想引导工作，充分发挥他们的正能量，有利于抵御境内外敌对势力渗透、牢牢掌握意识形态工作领导权和话语权。

做好新的社会阶层人士统战工作，是维护社会和谐稳定的必然要求。新的社会阶层人士分布广泛，他们关注社会问题，是参与社会治理、构建和谐社会的重要力量。在新时代创新社会治理，促进国家治理体系和治理能力现代化过程中，支持引导他们

提供专业化公共服务，发挥政府与企业、社会之间的桥梁纽带作用，对于及时了解各方面的利益诉求，有效化解社会矛盾具有重要意义。

做好新的社会阶层人士统战工作，是巩固党的执政基础的必然要求。作为新兴的知识分子群体，新的社会阶层人士与工人、农民、体制内知识分子的根本利益是一致的，是党的阶级基础和群众基础的重要组成部分，是党长期执政必须团结和依靠的重要力量。加强对他们的团结引导，把他们紧紧团结在党的周围，有利于发展壮大统一战线，巩固党的执政地位，推进中国特色社会主义伟大事业。

三、新的社会阶层人士统战工作的范围、对象与任务

根据《中国共产党统一战线工作条例（试行）》和《关于加强新的社会阶层人士统战工作的意见》，新的社会阶层人士统战工作的范围，主要包括：民营企业和外商投资企业管理技术人员，即受聘于私营企业和外资企业，掌握企业核心技术和经营管理专门知识的人员；中介组织和社会组织从业人员，主要是律师、会计师、评估师、税务师、专利代理人等提供知识性产品服务的专业机构从业人员，以及社会团体、基金会、民办非企业单位从业人员；自由职业人员，即不供职于任何经济组织、事业单位或政府部门，在国家法律、法规、政策允许的范围内，凭借自己的知识、技能与专长，为社会提供某种服务并获取报酬的人员；新媒体从业人员，主要是互联网企业出资人、经营管理人员，采编人员和技术人员，在互联网上发表意见建议的意见人士等。新的社会阶层人士统战工作的对象，是新的社会阶层党外人

士，重点是其中的代表人士。

新的社会阶层人士统战工作的任务：一是加强思想教育引导。开展坚持和发展中国特色社会主义主题教育活动，善于运用网络加强政治引导，通过实践教育增进政治共识，寓思想引导于服务之中，加大表彰和激励力度，做好有影响有个性人士教育转化工作；二是加强新的社会阶层党外代表人士队伍建设。要拓宽选人视野和推荐渠道，加强梯队建设，创新培训方式，适度安排使用，发挥示范引领作用，加强联谊交友；三是创新工作平台载体和方式方法。充分发挥政协组织、群团组织等载体的作用，探索建立新的社会阶层人士联谊组织，打造新的社会阶层党外人士发挥作用的活动品牌，加强对新的社会阶层人士“自组织”的关注和引导，以大城市为重点打造新的社会阶层人士统战工作实践创新基地。

四、新的社会阶层人士统战工作的总体要求

做好新的社会阶层人士统战工作，必须坚持以马克思列宁主义、毛泽东思想、邓小平理论、“三个代表”重要思想、科学发展观、习近平新时代中国特色社会主义思想为指导，全面贯彻党的十八大和十九大精神，紧紧围绕统筹推进“五位一体”总体布局和协调推进“四个全面”战略布局，认真落实党中央关于统一战线的决策部署，认真落实充分尊重、广泛联系、加强团结、热情帮助、积极引导的方针，在切实加强新的社会阶层组织党建工作的基础上，以教育引导为主线、着力增进政治共识，以培养使用为重点、着力加强党外代表人士队伍建设，以组织起来为依托、着力构建社会化的大统战工作格局，努力把新的社会阶层人

士紧密团结在党的周围，为促进经济发展、社会和谐，为全面建成小康社会，实现“两个一百年”奋斗目标、实现中华民族伟大复兴的中国梦凝聚新力量。

新的社会阶层人士统战工作要把握的原则：坚持党的领导，坚持信任尊重团结引导，坚持创新工作方式，坚持分类施策。

五、新的社会阶层人士统战工作的工作方针

做好新的社会阶层人士统战工作，必须坚持“充分尊重、广泛联系、加强团结、热情帮助、积极引导”的方针。充分尊重，就是对新的社会阶层人士，坚持一视同仁、平等对待，尊重知识、尊重人才，尊重他们的劳动创造，肯定他们为国家发展作出的积极贡献；广泛联系，就是要广泛加强同新的社会阶层人士的联系、沟通，了解和掌握他们的基本状况和发展变化，关注他们的利益诉求；加强团结，就是要把他们紧密团结在党的周围，引导他们将实现个人理想价值与中国特色社会主义共同理想结合起来，为我国现代化建设贡献智慧力量；热情帮助，就是要做好协调服务工作，维护他们的合法权益，畅通反映意见建议的渠道，帮助他们解决工作生活中的实际困难；积极引导，就是要引导他们爱国、敬业、创新、诚信、守法、贡献，自觉接受党的领导，做合格的中国特色社会主义事业建设者。

六、加强网络人士统战工作

网络人士是随着网络技术的迅猛发展和新媒体迅速崛起而成长起来的新的知识分子群体，主要包括新媒体从业人员和网络意

见人士。习近平总书记强调，“要把这些人中的代表人士纳入统战工作视野，建立经常性联系渠道”。

网络人士具有知识层次高、流动性强、思维活跃、影响面广等特点，已经成为数百万规模的新的社会群体。在网络舆论阵地已经成为意识形态斗争的主阵地的形势下，他们作为“搭台”和“唱戏”的，往往能够左右互联网议题，在网络社会甚至意识形态领域的影响越来越大。特别是在新媒体传播渠道多元、信息发布准入门槛低、监管难度大，微博、微信等所谓自媒体具有很强的社会舆论影响力，积极思想与消极言论共存的情况下，更需要他们弘扬主旋律、发挥正能量，在净化网络、维护安全等方面发挥积极作用。因此，做好网络人士的工作，是推进中国特色社会主义建设事业的必然要求，是守住网络舆论阵地、赢得意识形态斗争的必然要求，是维护社会和谐稳定的必然要求，是巩固发展爱国统一战线的必然要求。

网络人士统战工作是统一战线工作的新领域。要深入调研，把握群体特征，了解个体情况，做好言论跟踪分析研判；要密切联系，把党外网络人士纳入党外代表人士队伍建设规划，加强教育引导，听取意见建议，增进政治认同，培养一支与我们党同心同德的代表人士队伍；要联谊交友，通过线上线下等方式密切沟通，加强联络交往，帮助解决他们的实际困难，在广交基础上深交一批挚友；要突出重点，以新媒体企业出资人和网络大 V 为重点工作对象，关注和加强对自媒体的引导，主动参与和融入，创建自己有影响力的网络品牌；要注重方法，运用个性化方式和网络语言，通过面对面与键对键，开展思想交流，耐心细致、和风细雨，做好有影响有个性网络人士的思想工作。

七、形成做好新的社会阶层人士统战工作的合力

要在党委统一领导下，充分发挥各级党组织主体作用，广泛调动各方面积极性，构建分工负责、协同配合的社会化大统战工作格局。

各级党委要把新的社会阶层人士统战工作作为新的社会阶层组织党建工作的重要方面，摆上重要议事日程，加强研究部署，纳入党委领导班子和领导干部考核内容。

街道、社区、园区、楼宇以及非公有制企业和社会组织的党组织要负起主体责任，把新的社会阶层人士统战工作纳入党建工作考核内容，采取灵活多样、务实管用方式，增强工作实效和活动吸引力，广泛凝聚新的社会阶层党外人士。

党委统战部要在新的社会阶层人士统战工作中发挥牵头协调作用，协助党委制定政策，重点做好党外代表人士工作。

各有关部门和群团组织、社会组织要发挥职能作用，共同做好新的社会阶层党外人士的政治引领和培养使用工作，研究解决突出问题。

引导新的社会阶层人士所在企业出资人和单位负责人增强责任意识，积极承担相关任务。

建立统战与宣传、网信、公安部门和互联网行业组织、重点新媒体企业的沟通机制，及时研判网络人士舆情动态，妥善处理有关问题。

第七章　民营经济人士统战工作

一、民营经济人士

改革开放后，我国经济社会结构发生了深刻变化，出现了个体工商户、私营企业主等新的社会阶层。1989 年 3 月，中央统战部印发《关于开展私营企业统战工作的几点意见》，强调“私营经济是社会主义公有制经济的补充，鼓励和发展私营企业是我党的一项长期政策。私营企业者已形成一个新的利益群体。因此，要努力做好私营企业统战工作”。1991 年 7 月，中共中央批转中央统战部《关于工商联若干问题的请示》的通知明确指出：“在我国，非公有制经济成分作为公有制经济的有益补充，将在相当长的历史时期内存在和发展。现在亟须有一个党领导的、主要是做非公有制经济代表人士思想政治工作的人民团体对私营企业主、个体工商户和台湾同胞、港澳同胞、海外侨胞投资者介绍我党方针、政策，进行爱国、敬业、守法的教育，并维护他们的合法权益，反映他们的正确意见。工商联作为党领导下的以统战性为主，兼有经济性、民间性的人民团体，可以配合党和政府承担这方面的任务，成为党和政府联系非公有制经济的一个桥梁”。文件首次提出了“非公有制经济代表人士”的概念，私营企业主、个体工商户是非公有制经济人士的基本构成。

1997 年 9 月，党的十五大报告首次以党的文件确定了“公有制为主体、多种所有制经济共同发展，是我国社会主义初级阶段的一项基本经济制度”，同时强调“对个体、私营等非公有制经济要继续鼓励、引导，使之健康发展”。之后，党的十六大、十七大、十八大、十九大报告，多次强调“毫不动摇地巩固和发展公有制经济”，“毫不动摇地鼓励、支持和引导非公有制经济的发展”，使非公有制经济人士不断发展壮大。

2017 年 9 月，中共中央、国务院《关于营造企业家健康成长环境　弘扬优秀企业家精神　更好发挥企业家作用的意见》首次集中使用了“民营企业家”的称谓。

2015 年颁布的《中国共产党统一战线工作条例（试行）》规定，非公有制经济人士主要指非公有制企业主要出资人并以经营管理为主要职业的人士。在实际工作中，除了上述范围之外，还把一些有代表性的个体工商户、民营企业中持有股份的主要经营者、商会主要负责人、在内地投资的港澳地区工商界人士等纳入非公有制经济人士范围。

2019 年 11 月，中共中央办公厅印发《关于加强新时代民营经济统战工作的意见》，明确提出了“民营经济人士”称谓，其范围主要包括：1. 民营企业主要出资人、实际控制人；2. 民营企业中持有股份的主要经营者；3. 民营投资机构自然人大股东；4. 以民营企业和民营经济人士为主体的工商领域社会团体主要负责人；5. 相关社会服务机构主要负责人；6. 民营中介机构主要合伙人；7. 在内地投资的港澳工商界人士；8. 有代表性的个体工商户。

二、民营经济人士是中国特色社会主义事业的建设者

民营经济人士的属性是什么？是一个重大的理论问题和政治问题。党的十一届三中全会以后，我们党对非公有制经济的认识不断深化，并作出了明确界定。1982 年党的十二大指出，个体经济是“公有制经济必要的、有益的补充”。1987 年党的十三大指出，私营经济也是公有制经济必要的、有益的补充。1992 年党的十四大指出：“以公有制包括全民所有制和集体所有制经济为主体，个体经济、私营经济、外资经济为补充，多种经济成分长期共同发展。”1997 年党的十五大指出，“公有制为主体、多种所有制经济共同发展，是我国社会主义初级阶段的一项基本经济制度”“非公有制经济是社会主义市场经济的重要组成部分”。

但在如何看待非公有制经济人士，特别是私营企业主的属性问题上，却出现了不同认识。有的认为是劳动者、爱国者，有的认为是剥削者，甚至是新生的资产阶级。对此，我们党既坚持马克思主义基本观点，又采取解放思想、实事求是的态度，在深入调查研究、进行具体分析的基础上，不断深化了对非公有制经济人士属性的科学认识。

2000 年 12 月召开的第十九次全国统战工作会议上，江泽民在讲话中指出：“在改革开放的进程中，在党的富民政策的指引下，通过诚实劳动、合法经营先富起来的个体劳动者和私营企业主，不仅是党和政府的政策允许的，也是光荣的，他们为建设有中国特色社会主义事业贡献了力量，应该受到社会的尊重。”2001 年 7 月，江泽民在庆祝中国共产党成立 80 周年大会上的讲话中，对非公有制经济人士的属性首次作出界定，明确提出，改

革开放以来出现的“民营科技企业的创业人员和技术人员、受聘于外资企业的管理技术人员、个体户、私营企业主、中介组织的从业人员、自由职业人员等社会阶层”，“通过诚实劳动和工作，通过合法经营，为发展社会主义社会的生产力和其他事业作出了贡献。他们与工人、农民、知识分子、干部和解放军指战员团结在一起，他们也是有中国特色社会主义事业的建设者”。2002年，党的十六大进一步明确，“在社会变革中出现的民营科技企业的创业人员和技术人员、受聘于外资企业的管理技术人员、个体户、私营企业主、中介组织的从业人员、自由职业人员等社会阶层，都是中国特色社会主义事业的建设者”。

“建设者”的提出，不仅对包括民营经济人士在内的新的社会阶层人士的属性作了科学界定，而且为做好民营经济人士的团结、服务、教育、引导工作，奠定了理论基础和政策依据。

在此基础上，2018 年 11 月 1 日，习近平总书记在民营企业座谈会上进一步提出，“民营企业和民营企业家是我们自己人”，进一步深化了对民营经济人士属性的认识。

三、坚持“信任、团结、服务、引导、教育”的方针

1991 年中共中央批转中央统战部《关于工商联若干问题的请示》，首次提出非公有制经济人士工作的“八字方针”。指出，“对现在的私营企业主，不能和过去的工商业者简单地类比和等同，更不是要像 50 年代那样对他们进行社会主义改造”。要“配合党和政府的工作，对非公有制经济代表人士进行团结、帮助、引导、教育”。2012 年《中共中央　国务院关于加强和改进新形势下工商联工作的意见》，把“帮助”完善为“服务”。

2015年习近平总书记在中央统战工作会议上的讲话中，强调要“坚持团结、服务、引导、教育的方针”。这是新时代民营经济领域统战工作的重要原则，也是必须坚持的基本方式方法。2019年11月，中共中央办公厅印发《关于加强新时代民营经济统战工作的意见》，进一步明确了“信任、团结、服务、引导、教育”的方针。

“信任、团结、服务、引导、教育”是一个有机整体。信任，就是把广大民营经济人士作为党和政府的自己人，作为信得过、靠得住、用得上的一个重要群体。团结，就是要把广大民营经济人士紧密地团结在党的周围，巩固共同思想政治基础、坚定共同理想信念、坚定不移地走中国特色社会主义道路，凝聚建设中国特色社会主义的最广泛力量；服务，就是要通过提供信息、金融、人才等方面支持，反映民营经济人士利益诉求，开展法律维权服务，加强对民营企业“走出去”的指导服务，帮助解决实际困难和思想困惑，推动民营企业实现科学发展；引导，就是要引导民营经济人士自觉接受党的领导，遵守国家法律法规，贯彻执行党的方针政策和国家发展重大战略，践行社会主义核心价值观，有序参与国家政治生活和社会事务，积极履行社会责任；教育，就是要对民营经济人士进行理想信念、守法诚信、国情社情、经营管理等教育，不断提高他们的综合素质，做合格的中国特色社会主义事业建设者。

坚持“信任、团结、服务、引导、教育”的方针，既要为民营经济健康发展营造良好的政策环境、法治环境、市场环境和社会环境，又要切实加强思想政治工作，引导教育民营经济人士健康成长。

四、坚持“两个健康”工作主题

习近平总书记在党的十九大报告中明确要求，“促进非公有制经济健康发展和非公有制经济人士健康成长”。《中国共产党统一战线工作条例（试行）》指出，工商联应当围绕促进非公有制经济健康发展和非公有制经济人士健康成长的主题，履行职责，发挥作用。

促进“两个健康”，既是重大经济问题，也是重大政治问题。非公有制经济健康发展，主要体现在自觉转变发展方式，加快转型升级，推进自主创新，走科学发展道路；非公有制经济人士健康成长，主要体现在拥护中国共产党领导，走中国特色社会主义道路，践行社会主义核心价值观，致富思源、富而思进，做到爱国、敬业、创新、守法、诚信、贡献，成为合格的中国特色社会主义事业建设者。

促进“两个健康”，是有机联系、辩证统一的整体。非公有制经济要健康发展，前提是非公有制经济人士健康成长；非公有制经济人士要健康成长，非公有制经济健康发展是重要基础。要把促进“两个健康”作为新时代统战工作的一项重大课题，一手抓鼓励支持，一手抓教育引导，推动形成良好的政策环境、法治环境、市场环境、社会环境，构建亲清政商关系，更好发挥他们在完善社会主义市场经济体制和推进现代化建设中的作用。

五、引导民营经济人士爱国、敬业、创新、守法、诚信、贡献

爱国、敬业、创新、守法、诚信、贡献，是践行社会主义核

心价值观对非公有制经济人士提出的内在要求，也是进一步推动非公有制经济健康发展和非公有制经济人士健康成长的强大动力。

爱国，就是热爱祖国、报效祖国，这是民营企业家作为合格公民的神圣责任；敬业，就是牢记职责、忠于职守，这是发展企业、成就事业的基本保证；创新，就是打破常规、敢为人先，这是企业家精神的灵魂，是民营经济可持续发展的核心驱动力；守法，就是要敬畏法律、恪守底线，依法经营、依法管理，这是依法治国的基本要求；诚信，就是要诚实经营、重诺守信，这是中华民族的传统美德，也是市场经济的重要基石；贡献，就是要饮水思源、感恩回报，这是民营经济人士应当具备的思想境界和精神风貌。

引导民营经济人士爱国、敬业、创新、守法、诚信、贡献，一要开展理想信念教育，引导民营经济人士增强“四个意识”、坚定“四个自信”、做到“两个维护”，坚定不移听党话、跟党走；二要引导民营经济人士依法诚信经营，了解反映他们的诉求，帮助其依照法定程序维护合法权益；三要畅通民营经济人士有序政治参与渠道，帮助提高建言献策水平；四是引导民营经济人士投身光彩事业和公益慈善事业，积极履行社会责任。

六、推动构建亲清新型政商关系

过去一段时期，一些地方出现的权钱交易、利益交换的政商关系，严重冲击市场秩序和法治秩序，污染政治生态和社会风气。习近平总书记在中央统战工作会议和参加全国政协十二届四次会议民建、工商联界委员联组会的重要讲话中，明确提出构建新型政商关系问题。党的十九大报告强调指出，“构建亲清新型政商关系，促进非公有制经济健康发展和非公有制经济人士健康成长”。在2018年11月1日民营企业座谈会上，专门提出各级党委和政府要把构建亲清新型政商关系的要求落到实处。2019年，中共中央《关于坚持和完善中国特色社会主义制度　推进国家治理体系和治理能力现代化若干重大问题的决定》提出，完善构建亲清政商关系的政策体系。

构建亲清政商关系，核心是“亲”“清”两个字。

对领导干部而言，所谓“亲”，就是要坦荡真诚同民营企业接触交往，特别是在民营企业遇到困难和问题情况下更要积极作为、靠前服务，对非公有制经济人士多关注、多谈心、多引导，帮助解决实际困难，真心实意支持民营经济发展。所谓“清”，就是同民营企业家的关系要清白、纯洁，不能有贪心私心，不能以权谋私，不能搞权钱交易。

对民营企业家而言，所谓“亲”，就是积极主动同各级党委和政府及部门多沟通多交流，讲真话，说实情，建诤言，满腔热情支持地方发展。所谓“清”，就是要洁身自好、走正道，做到遵纪守法办企业、光明正大搞经营。企业经营遇到困难和问题时，要通过正常渠道反映和解决，运用法律武器维护自身合法权益。

七、引导民营经济人士有序政治参与

科学合理地配置政治资源，是促进阶层关系和谐的重要途径，也是坚持人民民主国家政权性质、保持政治稳定的必要条件。在发展社会主义民主政治中，引导民营经济人士有序政治参与，有利于党和政府科学决策、民主决策，有利于更好发挥非公有制经济人士的作用。但也出现了一些不容忽视的问题，有的民营经济人士为了进入人大、政协而不择手段，变换身份甚至拉票贿选，当选之后不是为党和政府分忧、为人民幸福出力，而是谋求一己私利。这是民营经济人士政治安排工作中必须解决好的一个重要问题。

对此，要切实加强五个方面工作，做到严格标准、有序适当。一是科学界定身份。民营企业主要出资人并以经营管理为主要职业的，在推荐安排中应当界定为民营经济人士；二是掌握适当规模。各级人大代表候选人和各级政协委员中民营经济人士数量要适当，要体现社会主义国家政权的性质，不能依据财富多少来分配政治资源；三是严格标准程序。认真考察，综合评价，做到一个入口、一套标准、凡进必评，真正把思想政治强、行业代表性强、参政议政能力强、社会信誉好的代表人士推荐出来；四是加强教育管理。加大教育培训力度，提升教育培训质量，探索通过开展履职考核、建立退出机制等手段，加强对进入人大、政协的民营经济代表人士的监督管理，切实解决“重安排、轻管理”的问题；五是形成工作合力。发挥统战部门牵头协调职责，在民营经济人士政治安排中加强与相关部门的沟通协作，共同做好工作。

八、做好年轻一代民营经济人士工作

新世纪以来，一批老一辈创业者年近退休、逐步交班，一大批年轻的接班人和创业者走上了市场竞争的舞台，民营经济人士队伍年轻化、知识化趋势日益明显。引导年轻一代民营经济人士成为合格的中国特色社会主义事业建设者，事关增强国民经济发展后劲，事关巩固和扩大党执政的群众基础和社会基础，事关实现“两个一百年”和中华民族伟大复兴的中国梦。

习近平总书记在中央统战工作会议上指出，“引导非公有制经济人士特别是年轻一代致富思源、富而思进”。2016年3月4日，习近平总书记在全国政协十二届四次会议民建、工商联界委员联组会上的重要讲话中要求，注重对年轻一代非公有制经济人士的教育培养，引导他们继承发扬老一代企业家的创业精神和听党话、跟党走的光荣传统。

民营经济人士特别是年轻一代健康成长，有利于非公有制经济的结构优化，有利于加快非公有制企业转型升级步伐，更好地参与国内外市场竞争。年轻一代民营经济人士实现健康成长，一方面自身要付出艰辛努力、苦练内功，另一方面也离不开正向引导。这就需要各级党委、政府高度重视，全社会共同关心，尤其是统战部门要肩负起重要职责，有意识、有计划地加以引导，一以贯之、一刻不松，积极探索工作抓手，发挥好应有作用。

要深化理想信念教育，通过集中培训、自我教育、国情考察、实践锻炼等方式，引导他们致富思源、富而思进，不断增强对中国特色社会主义的信念、对党和政府的信任、对企业发展的信心、对社会的信誉；要加强和改进联谊交友，了解掌握他们的所思所想所困所需，学会运用时代语言、大众语言和青年语言，与他们广交深交朋友，在春风化雨、润物无声、潜移默化中实施思想引导；要营造良好发展环境和社会氛围，推动建立完善政企沟通制度，及时了解和帮助解决他们在发展中遇到的实际困难，为他们干事创业提供好的条件，同时大力宣传他们当中的先进人物和典型事迹，在全社会形成关心关爱年轻一代的舆论氛围；要把年轻一代纳入工商联和商会组织中来，引导他们继承发扬爱国爱党、艰苦创业等优良传统，为他们提供参政议政、建言献策的机会，对其中的优秀分子进行重点培养和适当安排。

九、光彩事业

光彩事业是在中央统战部、全国工商联组织推动下，我国民营经济人士于1994年为配合《国家八七扶贫攻坚计划》而发起实施的一项社会扶贫事业。它以消除贫困为宗旨，以民营企业为主体，以贫困地区为领域，以项目投资为主要形式，以“义利兼顾、以义为先”为核心理念，以共同发展为基本目标。光彩事业不同于一般社会捐赠性质的济困行为，也不是政府的扶贫行为，而是社会主义市场经济条件下以开发式扶贫为主题、以共同利益为纽带的通过民间形式进行的经济行为和企业行为。开展光彩事业，是民营经济人士统战工作的重要抓手。

光彩事业的特点、原则和内容，主要有以下几点：1. 以民营经济人士为参与主体，同时欢迎热心扶贫事业的港澳台及海外工商界人士参加；2. 凡民营经济人士把资金和技术从较发达地区投向较不发达地区，都可纳入光彩事业的范围。光彩事业面向全国“老、少、边、穷”地区，重点是三区三州等深度贫困地区；3. 以自觉自愿、互惠互利、义利兼顾为原则，从企业自身的特点和优势出发，按照企业行为和经济行为必须遵循的市场规律办事；4. 帮助贫困地区开发资源、兴办企业、培训人才、发展贸易，逐步形成能够稳定解决群众温饱的骨干项目和支柱产业，是实施光彩事业的主要方式。一些民营经济人士根据本企业的经营范围和贫困地区的情况，自愿捐助贫困地区的公益事业，是实施光彩事业的辅助方式；5. 鼓励发达地区的民营经济人士及港澳台和海外投资者，到贫困地区发展有助于直接解决群众温饱问题的种植业、养殖业和相关的加工业，兴办能够充分发挥贫困地区资源优势且能大量安排贫困户劳动力就业的资源开发型和劳动密集型企业，协助开展劳务输出，参与贫困地区的市场建设、土地开发、旧城改造和异地开发。

目前，光彩事业已经成为符合中国国情，具有鲜明时代特色的社会扶贫事业，成为培育民营经济人士队伍，巩固和壮大统一战线的重要载体，成为弘扬优秀传统文化，共建社会主义核心价值体系的重要途径。

十、中华全国工商业联合会

各级工商业联合会（简称“工商联”），是中国共产党领导的以非公有制企业和非公有制经济人士为主体的，具有统战性、经济性、民间性有机统一特征的人民团体和商会组织。它是党和政府联系非公有制经济人士的桥梁和纽带，是政府管理和服务非公有制经济的助手，在我国经济、政治、文化、社会生活中有着重要影响，在促进“两个健康”中具有不可替代的作用。

1949 年 8 月，中共中央作出《关于工商业联合会的指示》。一些大中城市在改组改造旧商会、旧工业会的基础上，成立了工商联地方组织。1952 年 6 月，全国工商联筹备会议在京召开，会议产生了中华全国工商业联合会筹备委员会。同年 8 月，中央人民政府政务院公布了《工商业联合会组织通则》，确定了建立工商联的基本原则。1953 年 10 月，全国工商联第一届会员代表大会在北京召开，全国工商联正式成立。它是以私营工商业者为主体，国营企业和合作社、公私合营企业等各类工商业者参加的一个重要的人民团体。全国工商联分别于 1956 年 12 月、1960 年 2 月、1979 年 10 月、1983 年 11 月、1988 年 11 月、1993 年 10 月、1997 年 11 月、2002 年 11 月、2007 年 11 月、2012 年 12 月、2017 年 11 月召开了第二、第三、第四、第五、第六、第七、第八、第九、第十、第十一、第十二次会员代表大会。历届主任委员（主席）分别为陈叔通、胡子昂、荣毅仁、经叔平、黄孟复、王钦敏；现任主席为高云龙。

根据 2010 年《中共中央　国务院关于加强和改进新形势下工商联工作的意见》、2015 年颁布的《中国共产党统一战线工作条例（试行）》和《中共中央办公厅关于加强新时代民营经济统战工作的意见》精神，工商联应当围绕促进非公有制经济健康发展和非公有制经济人士健康成长的主题，履行职责、发挥作用。工商联参加政治协商、参政议政、民主监督。工商联党组书记由统战部副部长担任。工商联党组发挥领导核心作用，保证党的方针政策和党委决策部署的贯彻落实；加强对工商联代表大会、执委会、常委会工作的指导；支持工商联主席工作，发挥党外干部作用；按照干部管理权限，管理工商联机关干部。工商联所属商会是工商联的基层组织和工作依托。工商联对所属商会进行指导、引导和服务，对所属商会会员开展思想政治工作、教育培训，对主要负责人进行考核。

截至 2018 年底，全国共有县级以上工商联组织 3416 个，各级工商联所属商会共有 48916 个，已形成覆盖全国的组织网络。全国工商联同世界上 100 多个国家和地区的 400 多个组织、机构、商会等建立了广泛联系和友好合作。

十一、工商联的统战性、经济性和民间性

工商联作为党领导下的统一战线性质的人民团体和民间商会，具有统战性、经济性和民间性。

统战性主要体现在：工商联是党领导的统一战线组织，决定了工商联的政治方向、政治地位和政治功能。统战性是工商联最重要的属性，必须把坚持党的领导作为一切工作的基本原则，始终把维护中国共产党的领导核心地位作为重要政治责任，不断加强非公有制经济人士思想政治建设，在思想上、政治上、行动上和党中央保持高度一致，努力把广大民营经济人士紧密团结在党的周围，积极投身中国特色社会主义伟大事业。

经济性主要体现在：工商联由工商界及其人士组成，直接服务于经济建设。经济性是工商联的鲜明特色和独特优势，工商联要与经济工作相联系，紧紧围绕经济建设这个中心，引导民营经济人士按照新发展理念谋划推进企业改革发展，维护和代表会员的合法权益，为会员在法律范围内的经济活动服务，体现商会的职能。

民间性主要体现在：工商联具有商会性质和职能，其组织方式和工作机制不同于政府机构。工商联会员主要是以非公有制企业和非公有制经济人士组成，其职能主要是通过反映诉求、公益维护、沟通协调、信息咨询、搭建平台等方式为广大会员服务来实现的。

统战性、经济性、民间性是一个有机的统一体，相互依存、相互促进、不可分割，是工商联的独特优势所在。统战性是根本，丢掉统战性，工商联就没有政治优势；经济性是优势，缺少

经济性，工商联就失去发展基础；民间性是特色，忽视民间性，工商联就缺乏工作活力。要牢牢把握统战性，充分发挥经济性，切实体现民间性，不断推进工商联事业向前发展。

十二、工商联的职能作用

工商联及所属商会是民营经济统战工作的重要组织依托。要努力把工商联建成“民营经济人士之家”，发挥其五个方面的职能作用。

1. 在民营经济人士思想政治建设中的引导作用。深入开展中国特色社会主义理论体系学习教育，引导民营经济人士在党的领导下坚定走中国特色社会主义道路，践行社会主义核心价值观，树立义利兼顾、以义为先理念，加强企业文化建设，积极参与光彩事业及其他社会慈善事业，自觉履行社会责任，为推动科学发展、促进社会和谐作贡献。深入开展优秀中国特色社会主义事业建设者评选表彰活动，营造有利于非公有制经济健康发展和非公有制经济人士健康成长的良好社会氛围。引导民营经济人士支持所在企业建立党组织，为开展活动、发挥作用提供必要条件。

2. 在民营经济人士有序政治参与中的主渠道作用。要密切与民营经济人士的联系，深入了解他们的意愿和要求，及时向政府反映非公有制经济发展动态、非公有制经济人士利益诉求和意见建议，参与国家有关方针政策、法律法规的制定和贯彻执行，促进非公有制经济政策环境、法治环境、市场环境、社会环境的改善。帮助民营经济代表人士增强责任意识，提高参政议政能力和水平，有序参与政治生活和社会事务。协助党委和政府在民营经济人士中发现培养一批代表人士，发挥他们的示范带头作用。

3. 在民营企业改革发展中的服务作用。建立相关重要经济决策委托工商联征询非公有制经济人士意见的制度，参加促进非公有制经济和中小企业发展工作的领导机构和协调机制，参与中小企业服务体系建设。探索建立适应社会主义市场经济要求的服务载体和机制，为非公有制企业提供信息、法律、融资、技术、人才等方面服务，帮助非公有制企业更好地推进结构调整和自主创新，不断增强市场竞争能力、抵御风险能力和可持续发展能力。积极开展民间外交，加强同境外工商界的交流合作，为非公有制企业开展国际合作提供服务。

4. 在保障和改善民生、创新社会治理中的协同作用。参与协调劳动关系三方会议，同人力资源社会保障部门、工会组织及其他有关企业方代表一道，共同推动劳动关系立法和劳动关系协调机制建设，共同研究解决劳动关系中的重大问题和调处劳动争议。要引导民营企业依法与工会就职工工资、生活福利等涉及职工切身利益问题进行平等协商，签订集体合同。要正确协调处理投资者利益和劳动者权益的关系，引导民营企业积极创造就业岗位，尊重和维护员工合法权益，依法建立工会组织，开展工会活动。

5. 在依法平等保护产权方面的民主监督作用。引导民营经济人士依法理性反映诉求、维护权益。依法维护企业正常经营秩序，尊重和保护企业家合法人身和财产权益。健全调解、仲裁、诉讼等多元化纠纷解决机制，及时有效化解民营企业民商事纠纷。

十三、做好民营企业党建工作

加强和改进民营企业党的建设工作，是坚持和完善我国基本经济制度、引导非公有制经济健康发展、推动经济社会发展的需要，是加强和创新社会管理、构建和谐劳动关系、促进社会和谐的需要，是增强党的阶级基础、扩大党的群众基础、夯实党的执政基础的需要，是以改革创新精神提高党的基层组织建设科学化水平、全面推进党的建设新的伟大工程的需要。

加强民营企业党建工作，统战部门应着重抓好以下五个方面：一是引导民营经济人士支持企业建立党的组织、开展党的活动；二是配合组织部门做好在民营经济人士中发展党员的工作，严格审查把关，重点考察其思想政治表现、遵纪守法、道德品质、履行社会责任、支持党建工作等方面情况，并提出明确意见；三是会同宣传、组织等部门，采取多种形式，指导民营企业建设先进企业文化，大力宣传民营企业党建工作典型，定期评选表彰先进，形成全社会关注、支持非公有制企业党建工作的良好氛围；四是加强工商联所属商会党建工作，探索完善工商联党组织领导和管理所属商会党建工作的有效机制，探索在工商联所属商会党组织中建立统战工作联络员制度。五是在党委统一领导、党委组织部门牵头协调和党委统战部门指导支持下，加大对民营企业党建工作的推动力度。

十四、新时代赋予工商联的新使命新要求

2017 年 11 月，中国工商业联合会第十二次全国代表大会开

幕，中共中央政治局常委、国务院总理李克强代表中共中央、国务院致贺词，要求工商联在新时代秉承优良传统，继续砥砺奋进，不断开创新时代工商联工作新局面。

要以习近平新时代中国特色社会主义思想为指导，始终坚持党的领导，把政治引领作为首要任务，用实际行动落实党的十九大精神；始终坚持我国社会主义基本经济制度，牢牢把握“两个毫不动摇”方针，促进公有制经济和非公有制经济融合发展、共同发展，促进实现权利平等、机会平等、规则平等，推动形成亲清政商关系，优化民营经济发展环境，促进民间投资持续稳定增长，加快培育壮大经济发展新动能；始终坚持新发展理念，推动实现更高质量、更有效率、更加公平、更可持续的发展，为解决好发展不平衡不充分问题贡献智慧和力量；始终坚持服务宗旨，不断提高服务企业的能力和水平，探索适应民营企业转型升级、融通发展实际需求的服务方式、手段和载体，努力为企业排忧解难、雪中送炭，增强服务的及时性、精准性、有效性；始终坚持保障和改善民生，推动民营企业更好承担社会责任；始终坚持改革创新，不断增强工商联的凝聚力、影响力、执行力，最大限度调动非公有制经济人士的积极性、主动性、创造性。

根据《中共中央办公厅关于加强新时代民营经济统战工作的意见》，要深入推进工商联改革和建设，培育和发展中国特色商会组织，围绕促进“两个健康”工作主题，坚持政治建会、团结立会、服务兴会、改革强会，积极探索彰显统战性、经济性、民间性有机统一优势的组织体制、运行机制和活动方式，创新服务、培训和维权平台载体，加快推进“网上工商联”建设，进一步提升工作整体效能。

第八章　西藏工作

一、西藏是中国不可分割的一部分

西藏在中国的西南部，主要居民是藏族、门巴族、珞巴族等。远在公元前，这里的先民就与生活在中原的汉族和其他民族的先民建立了联系。公元 7 世纪，松赞干布建立吐蕃奴隶制政权，并与唐朝的文成公主联姻，在政治、经济、文化各个方面与唐朝建立了密切的联系，藏汉民族源远流长密切往来的关系，为后来统一国家的形成奠定了深厚基础。

1271 年，忽必烈定国号为元，并于 1279 年统一了全中国，建立了统一的中央政权，定都大都（今北京）。元朝把西藏地方作为中央政府直接管辖的一个行政区域，采取多项措施行使了主权管辖。此后，虽然中国历经几代王朝兴替，几经政权更换，但西藏一直处于中央政府的有效管辖之下。

明朝中央政府基本沿袭了元朝统治西藏的制度，遣使进藏招抚，封授、任命、赏赐西藏地方僧俗首领，并恢复驿站，推行卫所制度。

清朝册封达赖、班禅的名号，确定其在西藏的地位，设置驻藏大臣，建立噶厦（西藏地方政府）和噶伦制（西藏地方政府的主要官员制度），派兵击退外敌入侵，颁布著名的《钦定藏内善后章程》二十九条，对西藏地方在用人、行政、财政、军事、外事等各个方面，作出了明确的、具体的规定。这标志着中央政权在西藏地方行使主权管辖的施政达到制度化、法律化的程度。

辛亥革命后，中华民国《临时约法》《宪法》中规定，中国为统一国家，西藏为中国领土。中央政府设立管理西藏事务的机构，在拉萨设立办事处。西藏派代表出任议员、出席国民代表大会，设立驻南京、重庆等地的办事处。十三世达赖和九世班禅圆寂后，国民政府派员致祭，批准其转世灵童继位，派中央代表主持十四世达赖和十世班禅的坐床典礼。

以上事实表明，西藏自古是我国领土不可分割的一部分，自元朝以来，西藏的地方政权一直隶属中央政权有效管辖之下。

二、旧西藏政教合一的封建农奴制

1959 年民主改革前，西藏长期处于政教合一、僧侣和贵族专政的封建农奴制社会。西藏的农奴主主要是官家、贵族和寺院上层僧侣三大领主。他们不到西藏人口的 5%，却占有西藏的全部耕地、牧场、森林、山川以及大部分牲畜。农奴超过旧西藏人口的 90%，他们不占有土地，没有人身自由，都依附在某一领主的庄园中为生。此外还有占人口 5% 的“朗生”，他们是世代家奴，没有任何生产资料，也没有丝毫人身自由。农奴主占有农奴的人身，把农奴当作自己的私有财产随意支配，可以买卖、转让、赠送、抵债和交换。农奴主掌握着农奴生、死、婚、嫁大权。不是同一农奴主的男女农奴结婚要缴纳“赎身费”，有的是采取男换男、女换女的交换，有的是婚嫁后，夫妻双方的领属关系不变，将来生男孩归夫方领主，生女孩归妻方领主。农奴的子女一出生，就登记入册，注定了终身为农奴的命运。农奴主用差役和高利贷对农奴进行残酷的剥削。旧西藏的差税制度十分残酷，有载入册籍的永久性差税，还有临时加派的差税。农奴成年累月地辛勤劳动，却连温饱也得不到保障，经常要靠借高利贷勉强糊口。

在政治上，达赖、班禅等大活佛既是宗教领袖，又是地方政府的领导者，寺庙上层僧侣直接参与行政、司法等事务，寺庙集团在地方重大事务的决策中具有举足轻重的作用。寺庙内部等级森严，农牧出身的贫苦僧尼毫无权利，受上层喇嘛差遣役使，也不能公平地分享寺庙收入，是“披着袈裟的农奴”。旧西藏的法典按血统贵贱、职位高低把人分成三等九级，规定上等上级的人，如贵族、活佛等的命价为与身体等重的黄金，而下等下级的人，如屠夫、猎户、匠人等，命价只值一根草绳。

在封建农奴制的统治下，西藏经济凋敝、人口萎缩、疾病流行，人民生活极端困苦。

三、西藏的和平解放

1949 年，中国人民解放战争取得了决定性胜利，并向西北和西南推进，广大西藏人民和上层爱国人士拥护中央人民政府，渴望西藏早日解放。考虑到西藏的特殊性，中央政府决定采取和平谈判解放西藏的方针。

1950 年 1 月，中央政府正式通知西藏地方当局“派出代表到北京谈判西藏和平解放”。当时控制西藏地方政府的摄政达扎·阿旺松饶等人，在某些外国势力的支持下，在西藏东部昌都一线调集藏军主力，布兵设防，企图以武力对抗。中央政府于 1950 年 10 月命令人民解放军渡过金沙江，解放了昌都。

昌都解放后，中央政府再次敦促西藏地方政府派代表来北京谈判。以阿沛·阿旺晋美为代表的爱国上层人士力主和谈，提前亲政的十四世达赖喇嘛接受了进行和平谈判的意见。1951 年 4 月，西藏地方噶厦政府派阿沛·阿旺晋美为首席代表到北京谈判。5 月 23 日，中央人民政府和西藏地方政府的代表就西藏和平解放的一系列问题达成协议，签订了《中央人民政府和西藏地方政府关于和平解放西藏办法的协议》（简称“十七条协议”），西藏宣告和平解放。

四、西藏的宗教概况

在佛教传入以前，西藏主要信仰土著的原始宗教——苯教。公元 7 世纪，佛教从尼泊尔和中原内地传入西藏，与苯教经过长期的碰撞和融合，逐步形成了具有西藏特色的藏传佛教，成为中国佛教三大组成部分之一。藏传佛教大小乘兼容，以大乘为主，显密具备，尤重密教，尊崇上师，并形成活佛转世等独特的教义和仪轨。在历史发展过程中，藏传佛教逐渐形成了许多教派，除原有的苯教外，影响比较大的有宁玛派（俗称“红教”）、萨迦派（俗称“花教”）、噶举派（俗称“白教”）、格鲁派（俗称“黄教”）。除藏传佛教外，西藏还有一部分藏族信仰基督教，一部分门巴、珞巴族和登人信仰原始宗教，一部分世居回族信仰伊斯兰教。

在社会主义新西藏，各宗教、各教派一律平等。藏传佛教特有的活佛转世的传承方式得到充分尊重，寺庙学经、辩经、受戒、灌顶、修行等传统宗教活动和寺庙学经考核晋升学位活动正常进行。西藏各族人民群众的宗教信仰自由得到充分保障。中央人民政府先后将西藏的布达拉宫、大昭寺、扎什伦布寺、哲蚌寺、色拉寺、萨迦寺等著名宗教活动场所列为重点文物保护单位。

目前西藏共有1700多处宗教活动场所，僧尼约4.6万人，僧俗信教群众每年都组织和参加萨噶达瓦节等各种各样的宗教和传统活动，每年到拉萨朝佛敬香的信教群众达百万人次以上。

五、藏传佛教工作

中央高度重视依法加强对藏传佛教事务的管理，推动建立藏传佛教寺庙管理长效机制，切实加强藏传佛教代表人士队伍建设，为藏传佛教建立正常秩序奠定了坚实的基础。

1. 藏传佛教寺庙管理法规体系。2004年国务院颁布的《宗教事务条例》，为制定藏传佛教依法管理的配套政策法规提供了依据。2007年颁布的《藏传佛教活佛转世管理办法》，规范了藏传佛教活佛转世程序，有效遏制了非法乱认活佛现象。2010年颁布的《藏传佛教寺庙管理办法》，确立了藏传佛教寺庙的管理制度、寺庙监督制度、教职人员管理制度、学经班管理制度、大型宗教活动管理制度等。2010、2011年又分别制定了《藏传佛教教职人员资格认定办法》和《藏传佛教寺庙主要教职任职办法》等规章制度。

2. 活佛转世工作。这既是贯彻党的宗教信仰自由政策的重要内容，也是抵制达赖集团渗透的重点。1997年，国务院办公厅转发了有关活佛转世管理的意见，总结班禅转世的成功经验，明确了活佛转世的指导思想和根本原则，对于加强和掌握藏传佛教活佛转世管理工作的主导权，坚决挫败达赖集团插手活佛转世的分裂阴谋，规范活佛转世程序，净化活佛转世环境，具有重要意义。2007 年，国家宗教事务局又出台了《藏传佛教活佛转世管理办法》，建立了与社会主义社会相适应的活佛转世制度，进一步将活佛转世工作纳入规范化、法制化轨道。根据中央精神和《办法》规定，各地结合实际积极稳妥地开展活佛转世工作，依法稳妥处理了一批达赖集团在境内外非法认定的活佛，初步扭转了活佛转世领域的混乱局面。

3. 藏传佛教寺庙管理长效机制。长期以来，达赖集团利用寺庙对西藏和四省藏区进行渗透破坏活动，一些寺庙问题积累较多，成为闹事和分裂活动的根源地，成为影响社会稳定和阻碍藏传佛教建立正常秩序的重要因素。建立藏传佛教寺庙管理长效机制，是深入开展反分裂斗争的需要，是积极引导藏传佛教与社会主义社会相适应的需要，也是实现寺庙长治久安的重要保障。2009 年，中央下发《关于建立健全藏传佛教寺庙管理长效机制的意见》，强调寺庙管理要把以法律规章为依托的依法管理、以爱国爱教僧尼为主体的民主管理、以党和政府相关部门为主体的社会管理相结合，明确了政府在寺庙管理中的责任，坚持分级负责的属地管理原则；针对寺庙管理中存在的突出问题，明确了解决的基本原则和具体要求；进一步把寺庙纳入社会管理范畴，强调依法管理和提供公共服务相结合；明确代表人士培养的重要性和具体措施。目前，藏传佛教寺庙管理长效机制已逐步建立，初见成效。

4. 藏传佛教界代表人士培养工作。这是藏传佛教工作的重中之重，直接关系到藏传佛教爱国力量建设，关系到抵御境外敌对势力和达赖集团的渗透破坏，关系到引导藏传佛教与社会主义社会相适应。从 20 世纪 50 年代开始，我们党就注重发挥藏传佛教界爱国力量的作用，注重培养一支爱国爱教的宗教人士队伍。在西藏和平解放、民主改革、平息拉萨骚乱、班禅转世等复杂尖锐的关键时刻，一大批藏传佛教界爱国人士经受住了考验，发挥了特殊作用。

六、活佛转世和金瓶掣签

活佛转世是藏传佛教寺院为解决其首领的继承而采取的一种制度，是藏传佛教特有的传承方式。活佛藏语叫“朱古”，本意为“化身”。活佛转世出自佛教灵魂不灭、生死轮回、佛以种种化身救度众生的观念。最早实行活佛转世的是 13 世纪的噶玛噶举派，以后逐渐为其他教派所普遍采用。凡活佛圆寂后，寺庙通过占卜、降神等仪式，寻觅在活佛圆寂后出生的若干有灵异兆象的儿童，从中选定一个灵童作为他的转世，迎入寺中继承其宗教地位。除此之外，还有世袭活佛、自修成活佛等几种形式。历代中央政权始终把活佛转世工作纳入管理范围，达赖和班禅就是经清朝中央政府册封，并最终发展成格鲁派最大的两个活佛转世系统。

17 世纪以后，活佛转世逐渐成为特权阶层争夺利益的手段。为杜绝大活佛转世中族属传袭的流弊，防止弄虚作假，1793 年，清朝创立了金瓶掣签制度，颁发两个金瓶，一个用于达赖、班禅等藏区大活佛转世灵童的认定，置于拉萨大昭寺；一个用于确认蒙古各部大活佛转世灵童的认定，置于北京雍和宫。凡在理藩院注册的藏传佛教蒙、藏大活佛，均须将寻得的若干“灵童”的名字写于象牙签上，置金瓶中，由理藩院尚书在雍和宫或由驻藏大臣在大昭寺主持抽签掣定。金瓶掣签制度确定后，第七世、第八世、第十世班禅转世灵童和第九世、第十世、第十一世达赖转世灵童均由中央政府主持金瓶掣签认定，第九世班禅和第八世、第十二、第十三世达赖转世灵童经中央政府特许，免于金瓶掣签，无论是否掣签，最后决定权在中央。

七、《藏传佛教活佛转世管理办法》

新中国成立后特别是党的十一届三中全会以来，党和国家高度重视活佛转世工作。按照历史定制和藏传佛教仪轨，1995 年圆满完成了第十世班禅转世灵童的寻访、认定及坐床。西藏和四川、青海、甘肃、云南四省藏区经批准，转世了近千名活佛。在藏传佛教活佛转世中，也出现了一些问题，有的地方不按历史定制和宗教仪轨办事，不报经政府有关部门批准，擅自指认活佛转世灵童，破坏了藏传佛教的正常秩序，影响了藏传佛教界的内部团结。为此，2007 年 7 月，国家宗教事务局颁布《藏传佛教活佛转世管理办法》，2007 年 9 月 1 日起施行。

《办法》明确活佛转世遵循四条原则：一是活佛转世事务必须在宪法和法律规定的范围内进行；二是活佛转世过程要尊重藏传佛教从历史上传承下来的宗教仪轨；三是活佛转世过程要防止恢复已被废除的宗教封建特权；四是活佛转世属我国宗教内部事务，不受境外任何组织或个人的干涉和支配。

《办法》规定活佛转世必须具备三个条件：即当地多数信教群众和寺庙管理组织要求转世；转世系统真实并传承至今；申请活佛转世的寺庙系拟转世活佛僧籍所在寺，并为依法登记的藏传佛教活动场所，且具备培养和供养转世活佛的能力。

《办法》规定佛教团体在活佛转世事宜中主要职责是：地方

佛教团体对转世活佛的审核批准提出意见；活佛转世申请获批准后，由相应佛教团体指导灵童寻访；由拟转世活佛僧籍所在寺庙管理组织或相应佛教团体组建转世灵童寻访小组，实施寻访事宜；转世灵童由省、自治区佛教团体或者中国佛教协会根据宗教仪轨和历史定制认定；转世活佛继位时，由相应的佛教团体颁发活佛证书；当地佛教团体负责审核转世活佛继位后的培养计划和经师人选。

由于藏传佛教教派多，藏区各地寺庙情况不一，各教派在活佛转世中的做法也不尽一致，《办法》对一些具体事务只做原则性规定，涉及活佛转世的省、自治区依照该《办法》制定实施细则，报国家宗教事务局备案。

八、中央历次西藏工作座谈会精神

改革开放以来，党中央召开了六次西藏工作座谈会，明确大政方针和基本政策，研究解决重大问题，为西藏改革发展工作提供了根本指导。

1980 年 3 月 14 日至 15 日，中央召开第一次西藏工作座谈会。会议明确了西藏一个时期的工作任务和方针政策，确定了“减免放”的政策，即减轻农牧民负担、免征免派购、放宽政策，标志着西藏农牧区经济改革的起步。中央在转发会议纪要的通知中明确提出，所谓“民族问题的实质是阶级斗争问题”的提法是错误的，为当时整个民族工作的拨乱反正产生了重要作用。

1984 年 2 月 27 日至 3 月 28 日，中央召开第二次西藏工作座谈会。会议着重对西藏的特殊性进行了一次再认识，研究进一步放宽经济政策让西藏人民尽快富裕起来的问题，确定了“一个解放、两个转变”的经济工作的指导思想，即解放思想和西藏经济要从封闭式经济转变为开放式经济，从供给型经济转变成经营型经济；制定了“两个长期不变”的经济政策，即“土地归户使用，自主经营，长期不变”，“牲畜私有私养，自主经营，长期不变”。中央还决定由相关省区和部门为西藏建设43项迫切需要的工程项目。

1994年7月20日至23日，中央召开第三次西藏工作座谈会。会议确定了新时期西藏工作的指导方针，即“以经济建设为中心，紧紧抓住发展经济和维护稳定两件大事，确保西藏经济加快发展，确保社会的全面进步和长治久安，确保人民生活水平不断提高”；确定了“分片负责、对口支援、定期轮换”的干部援藏方式，制定了多项符合西藏实际的特殊优惠政策，安排了62个援藏建设项目。

2001年6月25日至27日，中央召开第四次西藏工作座谈会。会议提出新世纪西藏工作“一加强、两促进”的战略任务，即切实加强党的建设，促进西藏经济从加快发展到跨越式发展，社会局势从基本稳定到长治久安；进一步加大了支援西藏的力度，将西藏所有县（市、区）都纳入对口支援范围，确定了117个建设项目。会议明确了对达赖集团斗争的基本方针，即“旗帜鲜明、针锋相对、主动治理、强基固本”和“标本兼治、重在治本”。

2010年1月18日至20日，中央召开第五次西藏工作座谈会。会议分析了西藏经济社会发展的阶段性特征，指出西藏的社会主要矛盾仍然是人民日益增长的物质文化需要和落后的生产力之间的矛盾，同时西藏还存在着各族人民同以达赖集团为代表的分裂势力之间的特殊矛盾，两个矛盾决定了西藏工作的主题必须是推进跨越式发展和长治久安。会议统筹研究了四川、云南、甘肃、青海四省藏区的工作，作出内地发达省市对口支援青海藏区和四川、云南、甘肃三省实施省内对口支援藏区的决定。会议首次提出，要把有利于民族交往交流交融作为衡量民族工作成效的重要标准，对于明确新时期民族工作的方向发挥了重要作用。

2015 年 8 月 24 日至 25 日，中央召开第六次西藏工作座谈会。会议提出“治国必治边，治边先稳藏”的战略思想，提出“依法治藏、富民兴藏、长期建藏、凝聚人心、夯实基础”的西藏工作重要原则，要求把维护祖国统一、加强民族团结作为工作的着眼点和着力点，把改善民生、凝聚人心作为经济社会发展的出发点和落脚点，坚定不移开展反分裂斗争，坚定不移促进经济社会发展，坚定不移保障和改善民生，坚定不移促进各民族交往交流交融，确保国家安全和长治久安，确保经济社会持续健康发展，确保各族人民物质文化生活水平不断提高，确保生态环境良好。这次会议在统筹部署西藏和四省藏区工作基础上，进一步对基层基础更加薄弱的川甘青三省交界地区工作提出要求。

九、新时代党的治藏方略

2015 年 8 月，习近平总书记在中央召开的第六次西藏工作座谈会讲话中指出，在 60 多年的实践过程中，我们形成了党的治藏方略，这就是：必须坚持中国共产党领导，坚持社会主义制度，坚持民族区域自治制度；必须坚持治国必治边、治边先稳藏的战略思想，坚持依法治藏、富民兴藏、长期建藏、凝聚人心、夯实基础的重要原则；必须牢牢把握西藏社会的主要矛盾和特殊矛盾，把改善民生、凝聚人心作为经济社会发展的出发点和落脚点，坚持对达赖集团斗争的方针政策不动摇；必须全面正确贯彻党的民族政策和宗教政策，加强民族团结，不断增进各族群众对伟大祖国、中华民族、中华文化、中国共产党、中国特色社会主义的认同；必须把中央关心、全国支援同西藏各族干部群众艰苦奋斗紧密结合起来，在统筹国内国际两个大局中做好西藏工作；必须加强各级党组织和干部人才队伍建设，巩固党在西藏的执政基础。

十、新时代西藏工作的重要原则

习近平总书记在中央第六次西藏工作座谈会讲话中指出，“依法治藏、富民兴藏、长期建藏、凝聚人心、夯实基础，是党的十八大以后党中央提出的西藏工作重要原则”。这个原则为做好新时代西藏工作指明了方向，是维护西藏和谐稳定、推动社会事业全面进步、提升各族人民生活水平的行动纲领。

1. 坚持依法治藏。法律是治国之重器。要树立法治思维，以法律为准绳，坚持依法办事。在纷繁复杂的矛盾面前，依靠法治来解决；在公民法治意识薄弱面前，依靠法治来引领和规范。要积极探索有中国特色、西藏特点的法治之路，全力保障西藏的社会稳定和长治久安。

2. 坚持富民兴藏。民生是人民幸福之基、社会和谐之本。富民兴藏是历史唯物主义在西藏的生动体现。要坚持发展为了人民，发展依靠人民，发展成果由人民共享，坚持不懈保障和改善民生，全力以赴解决好各族人民最关心最直接最现实的利益问题，让各族人民过上安居乐业、富足美满的幸福生活，充分激发建设社会主义新西藏的创造活力。

3. 坚持长期建藏。西藏社会的主要矛盾和特殊矛盾决定了西藏工作既要立足当前，又要着眼长远，坚持慎重稳进的方针，不跟风、不攀比、不急躁，多管齐下、久久为功，扎实推进宏伟目标的实现。

4. 坚持凝聚人心。人心向背决定事业成败。人民群众是我们的力量之源，必须发挥我们党密切联系群众的优势，切实转变作风，始终同各族群众同呼吸、共命运、心连心，把他们团结在党的旗帜下，汇聚起实现中国梦的强大合力。

5. 坚持夯实基础。基础不牢，地动山摇。西藏稳定，重在基层；西藏发展，根在基础。政策要向基层倾斜，项目资金要向基层倾斜，工作重点要向基层延伸，扎实推进社会主义新农村建设，扎实推进基层政权和基层党组织建设，不断夯实党在西藏执政的基础。

十一、深入开展反分裂斗争

西藏工作的总目标是社会稳定和长治久安。做好反分裂工作，维护国家长治久安，既能为西藏经济发展、民生改善创造有利条件，也是对党和国家工作大局的最大贡献。习近平总书记在中央第六次西藏工作座谈会讲话中指出，“要落实依法治藏要求，对一切分裂祖国、破坏社会稳定的行为都要依法打击”。

西藏作为反分裂斗争的桥头堡、主阵地、最前沿，必须旗帜鲜明对达赖集团斗争，牢牢掌握反分裂斗争的主动权。十四世达赖是图谋“西藏独立”的分裂主义政治集团的总头子，是国际反华势力的忠实工具，是在西藏制造社会动乱的总根源，是阻挠藏传佛教建立正常秩序的最大障碍，是披着宗教外衣祸藏乱教的政客。我们同达赖集团及支持他们的西方敌对势力的斗争，是中华民族反对帝国主义、殖民主义斗争的继续，是西藏各族人民同政教合一封建农奴主残余势力斗争的继续，是关系国家统一、民族团结的重大政治斗争。

坚持对达赖集团斗争方针不动摇，必须做到旗帜鲜明、针锋相对、掌握主动、争取人心、强基固本。采取有力措施，严密防范和依法打击分裂国家、破坏民族团结的反动宣传活动、聚集闹事活动、暴力恐怖活动、煽动自焚活动、非法出入境活动。创新社会治理，坚持依法治理、主动治理、综合治理。积极开展涉藏国际斗争，挤压达赖集团活动空间。

十二、境外藏胞工作

境外藏胞是以各种身份长期生活在境外、具有中国藏族血统的华人华侨和港澳台同胞。他们有的已取得外国国籍，有的旅居境外但未加入外国国籍，其中在印度、尼泊尔居住的藏胞，绝大多数没有入外籍。近年来，第二、三代藏胞成长起来，逐渐成为境外藏胞的中坚力量。

境外藏胞的特点：一是达赖集团想方设法严控境外藏胞群体。经过多年经营，建立了一整套组织体系，对境外藏胞有很强的蛊惑力和控制力，目的就是积蓄“藏独”力量；二是境外藏胞全民信教，藏传佛教情绪浓厚。达赖以“西藏政教领袖”自居，打着“西藏和藏族人民利益代表”的旗号，对境外藏胞有很大的迷惑性、欺骗性；三是多数境外藏胞对国内误解较深。他们长期寄人篱下，受达赖集团的控制和国际反华势力的影响很深；四是境外藏胞政治态度“两头小、中间大”。能够坚持爱国立场、坚决与达赖集团划清界限，顽固坚持“藏独”立场的人，都是少数，更多的是不愿参与“藏独”活动，只是为生计奔波；五是境外藏胞融入驻在国社会趋势逐年加大。

中央第五次西藏工作座谈会明确提出，“境外藏胞是海外华侨华人的一部分”。要坚持“爱国一家”“爱国不分先后”的政策和区别对待的原则，争取境外藏胞摆脱达赖集团的控制和影响，做有利于祖国统一和民族团结的事情，鼓励他们在所在国谋求正当职业，遵守居住国的法律法令，与当地人民友好相处，为祖国和民族增光添彩。

第九章　新疆工作

一、新疆概况

新疆维吾尔自治区，简称新疆，位于亚欧大陆中部，地处祖国西北边陲，总面积 166 万平方公里，约占全国陆地总面积的六分之一。国内与西藏、青海、甘肃等省区相邻，周边依次与蒙古、俄罗斯、哈萨克斯坦、吉尔吉斯斯坦、塔吉克斯坦、阿富汗、巴基斯坦、印度等 8 个国家接壤，陆地边境线 5600 多千米，约占全国陆地边境线的四分之一，是中国面积最大、交界邻国最多、陆地边境线最长的省级行政区。

新疆是一个多民族聚居的地区，共有 55 个民族成分，主要居住有维吾尔、汉、哈萨克、回、柯尔克孜、蒙古、塔吉克、锡伯、满、乌孜别克、俄罗斯、达斡尔、塔塔尔等民族。新疆的宗教主要有伊斯兰教、佛教、基督教、天主教和东正教。其中，维吾尔、哈萨克、回、乌兹别克、柯尔克孜、塔塔尔、塔吉克、东乡、撒拉、保安等民族几乎全民信仰伊斯兰教。蒙古族群众中有喇嘛教信仰。汉族、锡伯族、满族和达斡尔等民族中有些群众信仰佛教。汉族群众中还有些人信仰天主教、基督教、道教。俄罗斯族群众中有的信仰东正教。锡伯族、满族和达斡尔等民族中，还有些群众信仰萨满教。

新疆的地貌可以概括为“三山夹两盆”：北面是阿尔泰山，南面是昆仑山，天山横贯中部，把新疆分为南北两部分，习惯上称天山以南为南疆，天山以北为北疆。南疆的塔里木盆地面积52.34万平方公里，是中国最大的内陆盆地。位于塔里木盆地中部的塔克拉玛干沙漠，面积约33万平方公里，是中国最大、世界第二大流动沙漠。贯穿塔里木盆地的塔里木河全长2486公里，是中国最长的内陆河。北疆的准噶尔盆地面积约38万平方公里，是中国第二大盆地。准噶尔盆地中部的古尔班通古特沙漠面积约4.88万平方公里，是中国第二大沙漠。在天山东部和西部，还有被称为“火洲”的吐鲁番盆地和被誉为“塞外江南”的伊犁谷地。位于吐鲁番盆地的艾丁湖，低于海平面154.31米，是中国陆地最低点。

二、新疆自古以来就是中国领土

新疆古称西域（意为西部疆域），是古“丝绸之路”的重要通道，是各民族迁徙融合的走廊，是“一体多元”文化和东西方文明交融的地区，自古以来就是祖国不可分割的一部分。生活在这片土地上的各族人民和睦相处、休戚与共，共同开发、建设、保卫祖国的疆土，创造了灿烂的文化，推动着历史的文明进步。

公元前138年，汉武帝派遣张骞出使西域，西汉政权与西域各城邦建立了联系。公元前60年，西汉政权在乌垒（今轮台县境内）设立西域都护府，自此西域正式列入汉朝版图，西汉开始在西域行使国家主权，新疆成为中国统一多民族国家的一个组成部分。

隋唐时期，中央政府加强对新疆的统治。公元640年，唐军击败随突厥反唐的高昌氏王朝，在高昌设安西都护府，这是唐朝在西域建立的第一个高级军政管理机构。唐朝打败西突厥后，统一了西域各地，于公元702年在庭州设置北庭都护府，后又升为北庭大都护府，管理天山北麓及新疆东部地区的军政事务，而安西大都护府管理天山南部和葱岭以西的广大地区。唐朝中央政府对西域各地实行的是藩汉分别管理制度，即在汉民集中居住的伊州、西州和庭州等地，行政上采用与内地一样的府、州、县、乡、里管理制度；非汉民聚居区，则设置“羁縻府州”，即继续维护当地本民族首领的行政管理制度，冠以唐朝都护、都督、州刺史的名号，允其以旧俗治理其部众。同时，还在龟兹、于阗、疏勒、碎叶设军事建制，史称“安西四镇”。

五代宋辽金时期，因中原地区诸朝争夺统治权而无暇顾及西域，西域出现了几个地方政权并列的局面。其中主要有高昌、喀喇汗和于阗等地方政权，但它们同中原诸王朝都保持着密切关系。

元朝时期成吉思汗完成对天山南北的政治统一。蒙古汗最初设立“达鲁花赤”“别失八里等处行尚书省”等军政管理机构，对西域进行军政管辖。元朝建立后，在发展西域各地社会经济的同时，在吐鲁番地区设立提刑按察司，以后，又在吐鲁番等地建立交钞提举司（印钞机构）和交钞库等机构，设置“别失八里元帅府”以总管派往该地的“新附兵”屯垦事务，派兵到和阗、且末等地屯田，在别失八里设立冶场“鼓铸农具”。

1406年，明朝设立了哈密卫，任用哈密当地的世族首领为各级官吏统辖当地军政事宜，维持中西商贸通道之安全，并对西域其他地区实施羁縻控制。

1757年，清朝平定长期割据西北的准噶尔政权。两年后，清朝平定伊斯兰教白山派首领大、小和卓（大和卓波罗尼都、小和卓霍集占）叛乱，巩固了对西域各地的军政统辖。1762 年设立“伊犁将军”，统一行使对天山南北各地的军政管辖。依据“因地制宜”“因俗施治”的原则，清朝政府对天山北部汉、回族居住区实行郡县制管理；在伊犁地区和天山南部各地维吾尔族中维持当地的“伯克制”，但是伯克的任免权归于中央，并严格实行政教分离；对蒙古族和哈密、吐鲁番地区的维吾尔族则实行“扎萨克制”，即册封王、贝子、公等世袭爵位。在官员的任用方面还采取了以满族为主、各族官员并用的政策；经济方面，推行以农业为主，农牧并举的经济措施，采取减轻赋税，确定财政定额补贴制度等。

1840 年鸦片战争以后，新疆受到沙俄等列强的侵略。1875 年，陕甘总督左宗棠就任钦差大臣，督办新疆事务。到 1881 年，清军陆续收复了中亚浩罕汗国（费尔干纳）阿古柏侵占的天山南北诸地，被沙俄强行占领长达 11 年之久的伊犁。1884 年，清政府取“故土新归”之意，改称西域为“新疆”，正式在新疆建省，行政建置与内地完全一致。

1949 年 9 月，伴随着新中国的建立，新疆和平解放，中国人民解放军进驻新疆，开创了新疆历史发展的新纪元。1955 年 10 月，新疆维吾尔自治区成立，首府设在乌鲁木齐市，从此掀开了各民族共同团结奋斗、共同繁荣发展的历史新篇章。

三、新疆各民族是中华民族血脉相连的家庭成员

新疆由于特殊的地理位置，自古以来就是多民族聚居地区。最早开发新疆的是春秋战国时期生活在天山南北的塞人、月氏

人、乌孙人、羌人、龟兹人、焉耆人、于阗人、疏勒人、莎车人、楼兰人、车师人等。秦汉时期的匈奴人、汉人、羌人，魏晋南北朝时期的鲜卑、柔然、高车、嚈哒、吐谷浑，隋唐时期的突厥、吐蕃、回纥，宋辽金时期的契丹，元明清时期的蒙古、女真、党项、哈萨克、柯尔克孜、满、锡伯、达斡尔、回、乌孜别克、塔塔尔族等，每个历史时期都有不同民族的大量人口进出新疆地区，都是新疆的共同开拓者。至 19 世纪末，已有维吾尔、汉、哈萨克、蒙古、回、柯尔克孜、满、锡伯、塔吉克、达斡尔、乌孜别克、塔塔尔、俄罗斯共 13 个主要民族定居新疆，形成维吾尔族人口居多、多民族聚居分布的格局。新疆地区既是新疆各民族的家园，更是中华民族共同家园的组成部分。

维吾尔族是经过长期迁徙、民族融合形成的。维吾尔族先民的主体是隋唐时期的回纥人，活动在蒙古高原，744 年，统一了回纥各部的首领骨力裴罗受唐朝册封。788 年，回纥统治者上书唐朝，自请改为“回鹘”。840 年，回鹘汗国被黠戛斯攻破，回鹘人除一部分迁入内地同汉人融合外，其余分三支：一支迁往吐鲁番盆地和今天的吉木萨尔地区，建立了高昌回鹘王国；一支迁往河西走廊，与当地诸族交往融合，形成裕固族；一支迁往帕米尔以西，分布在中亚至今喀什一带，与葛逻禄、样磨等部族一起建立了喀喇汗王朝，并相继融合了吐鲁番盆地的汉人、塔里木盆地的焉耆人、龟兹人、于阗人、疏勒人等，构成近代维吾尔族的主体。元代，维吾尔族先民在汉语中又称畏兀儿。元明时期，新疆各民族进一步融合，蒙古人尤其是察合台汗国的蒙古人基本和畏兀儿人融为一体，为畏兀儿补充了新鲜血液。1934 年，新疆省发布政府令，决定统一使用维吾尔作为汉文规范称谓，意为维护你我团结。

历史上，维吾尔族先民受突厥人奴役，两者是被奴役和奴役的关系。维吾尔人不是突厥人的后裔，更与土耳其没有关系。近代以来，一些“泛突厥主义”分子依据西迁的部分突厥人融入土耳其人的历史，把使用突厥语族语言的各民族都说成是突厥人，这是别有用心的。语族和民族有本质区别。我国使用突厥语族语言的有维吾尔、哈萨克、柯尔克孜、乌孜别克、塔塔尔、裕固、撒拉等，这些民族都具有各自历史和文化特质，并不是所谓“突厥族”的组成部分。

新疆地区历来是各民族共同开发建设和拥有的地方，各民族在新疆地区经过长期诞育、分化、交融，形成了血浓于水、休戚与共的关系，都为开发、建设、保卫新疆作出了重要贡献，都是新疆的主人。

新疆地区民族关系的演变，始终和中华各民族关系演变相联系。各民族有隔阂冲突更有交流融合，团结凝聚、共同奋进始终是主流。包括新疆各民族在内的中华各民族，手足相亲、守望相助，分布上交错杂居，文化上兼收并蓄，经济上相互依存，情感上相互亲近，是你中有我、我中有你、谁也离不开谁的多元一体格局，是一个大家庭里不同成员的关系。近代以来，在中华民族面临生死存亡的危急关头，新疆各族人民同全国人民一道，奋起反抗、共赴国难，共同谱写了可歌可泣的爱国主义篇章。新中国成立以来，新疆各民族关系进入平等、团结、互助、和谐的新时期。

四、新疆是多种宗教并存地区

新疆历来是多民族聚居和多种宗教信仰并存地区。古代存在原始宗教、萨满教、祆教、景教和摩尼教等。公元前 4 世纪起，祆教、佛教等沿着丝绸之路相继传入，逐步形成了多种宗教并存的格局。一教或两教为主、多教并存是新疆宗教格局的历史特点，交融共存是新疆宗教关系的主流。

新疆多种宗教并存格局形成和演变是漫长的历史过程，始终与复杂的社会政治斗争和民族关系交织在一起。公元前 4 世纪以前，新疆流行的是原始宗教。大约公元前 1 世纪，佛教传入新疆地区，4 世纪至 10 世纪，佛教进入鼎盛时期。同期，祆教流行于新疆各地。至 16 世纪末 17 世纪初，藏传佛教在北疆地区逐渐兴盛起来。道教于 5 世纪前后传入新疆，主要盛行于吐鲁番、哈密等地，至清代传播至新疆大部分地区并一度复兴。摩尼教和景教于 6 世纪相继传入新疆。10 世纪至 14 世纪，景教随着回鹘等民族信仰而兴盛。

9 世纪末 10 世纪初，伊斯兰教传入新疆。喀喇汗王朝接受伊斯兰教以后，于 10 世纪中叶向信仰佛教的于阗王国发动 40 余年宗教战争，11 世纪初攻灭于阗，强制推行伊斯兰教，结束了佛教在这个地区千余年的历史。随着伊斯兰教的不断传播，祆教、摩尼教、景教等宗教日趋衰落。14 世纪中叶，东察合台汗国统治者以战争等强制手段，将伊斯兰教推广到新疆全境，强迫当地居民信仰了伊斯兰教。至 16 世纪初，新疆形成了以伊斯兰教为主、多种宗教并存的格局并延续至今。18 世纪开始，基督教、天主教、东正教相继传入新疆。

维吾尔族改信伊斯兰教具有多重历史因素。维吾尔族先民最初信仰原始宗教和萨满教，后来相继信仰过祆教、佛教、摩尼教、景教、伊斯兰教等。直到今天，仍有一些维吾尔族群众信奉其他宗教，也有许多人不信仰宗教。伊斯兰教传入新疆地区，与阿拉伯帝国兴起和伊斯兰教由西向东扩张有关。维吾尔族信仰伊斯兰教，不是当时民众主动改信和转型，而是宗教战争和统治阶级强制推行的结果。虽然这种强迫并不影响人们今天尊重维吾尔族群众信仰伊斯兰教的权利，但它是一个历史真实。伊斯兰教传入新疆地区以后就沿着中国化方向发展，经过长期与新疆各民族传统信仰和文化融合，逐渐成为中华文化的一部分，并表现出地域特征和民族特色。伊斯兰教既不是维吾尔族天生信仰的宗教，也不是唯一信仰的宗教。

20 世纪 70 年代末 80 年代初，境外伊斯兰原教旨主义极端思潮进入新疆并不断渗透蔓延，成为新疆暴力恐怖活动多发频发的主要思想根源。宗教极端思想完全违背了宗教教义，是民族分裂主义和暴力恐怖主义的思想基础。宗教极端思想鼓吹"神权政治论""宗教至上论""异教徒论""圣战论"等，宣传极端思想和反动主张，鼓吹暴力恐怖活动，制造族群对立，同伊斯兰教倡导爱国、和平、团结、中道、宽容、善行的教义背道而驰，因此必须依法严厉打击宗教极端势力。

五、新疆生产建设兵团的历史与发展

屯垦戍边是中国几千年开发和保卫边疆的历史遗产。中央政府在西域新疆大规模屯垦戍边始于 2000 多年前的西汉，以后历代沿袭。1949 年新疆和平解放，1954 年中央政府决定在新疆成立生产建设兵团。这是符合中国国情和新疆实际的战略举措，也是历史经验在新的历史条件下的继承和发展。

1. 建立与发展。新疆生产建设兵团是在特殊的地理、历史背景下成立的。1949 年新疆和平解放时，当地经济是以农牧业为主体的自然经济，生产力水平低下，生产方式落后，发展处于停滞状态，人民生活贫苦不堪。为巩固边防、加快发展，减轻新疆当地政府和各族人民的经济负担，1950 年 1 月，驻新疆人民解放军将主要力量投入到生产建设之中，当年实现粮食大部分自给、食油蔬菜全部自给。1953 年，新疆军区将所属部队整编为国防部队和生产部队两个部分，其中生产部队建有军垦农牧团场 43 个，拥有耕地 77.26 千公顷。同时还兴办工业、交通、建筑、商业企业和科技、教育、文化、卫生等事业单位，为之后组建生产建设兵团奠定了基础。1954 年 10 月，中央政府命令驻新疆人民解放军第二、第六军大部，第五军大部，第二十二兵团全部，集体就地转业，脱离国防部队序列，组建“中国人民解放军新疆军区生产建设兵团”，接受新疆军区和中共中央新疆分局双重领导，其使命是劳武结合、屯垦戍边。兵团由此开始正规化国营农牧团场的建设，由原军队自给性生产转为企业化生产，并正式纳入国家计划。此后，全国各地大批优秀青壮年、复转军人、知识分子、科技人员加入兵团行列，投身新疆建设。

从 1956 年 5 月起，兵团受国家农垦部和新疆维吾尔自治区双重领导。1962 年，新疆伊犁、塔城地区先后发生了边民越境事件。根据国家部署，兵团调遣了 1.7 万余名干部、职工奔赴当地维护社会治安，施行代耕、代牧、代管，并迅速在新疆伊犁、塔城、阿勒泰、哈密地区和博尔塔拉蒙古自治州等长达 2000 多公里的边境沿线建立了纵深 10 公里到 30 公里的边境团场带。这对于稳定新疆、维护国家边防安全发挥了不可替代的重要作用，改善了国家西北边防的战略态势。“文化大革命”期间，兵团屯垦戍边事业受到严重破坏。1975 年 3 月，兵团建制被撤销，成立新疆维吾尔自治区农垦总局，主管全疆国营农牧团场的业务工作。

1981 年 12 月，中央政府决定恢复兵团建制，名称由原来的“中国人民解放军新疆军区生产建设兵团”改为“新疆生产建设兵团”，兵团开始了二次创业，屯垦戍边事业不断迈向新的阶段。

成立 60 多年来，兵团以屯垦戍边为使命，遵循“不与民争利”的原则，在天山南北的戈壁荒漠和人烟稀少、环境恶劣的边境沿线，开荒造田，建成了一个个农牧团场，逐步建立起涵盖食品加工、轻工纺织、钢铁、煤炭、建材、电力、化工、机械等门类的工业体系，教育、科技、文化、卫生等各项社会事业取得长足发展。截至 2015 年年底，兵团下辖 14 个师，176 个团，辖区面积 7.06 万平方公里，耕地 124.81 万公顷，总人口 276.56 万人，占新疆总人口的 11.9%。

2. 职责与体制。新疆生产建设兵团是新疆维吾尔自治区的重要组成部分。是在自己所辖垦区内，依照国家和新疆维吾尔自治区的法律、法规，自行管理内部行政、司法事务，在国家实行计划单列的特殊社会组织，受中央政府和新疆维吾尔自治区双重领导。

屯垦戍边是国家赋予兵团的职责。兵团的“屯垦”，以现代农业开发为基础，同时大力发展第二、第三产业，着重保护和改善生态环境，促进新疆的社会进步与民族团结。兵团的“戍边”，坚持亦兵亦民、劳武结合、兵民合一，一方面守卫国家边防；另一方面维护国家统一和新疆社会稳定，防范和打击恐怖势力的犯罪破坏活动。20 世纪 80 年代后，分裂势力、宗教极端势力、暴力恐怖势力等“三股势力”及其破坏活动成为影响新疆社会稳定、危害国家统一的严重威胁，兵团戍边的重点转移到防范和打击“三股势力”破坏活动的任务上。1990 年中央政府批准兵团在国家实行计划单列。兵团在继续作为新疆维吾尔自治区的重要组成部分、接受自治区领导的同时，逐渐由中央政府有关部门对口管理。这种双重领导体制的建立，是兵团行政隶属关系上的创造性变革，有利于中央与自治区对兵团的协调领导，有利于兵团履行肩负的各项职责，理顺了兵团与国家机关各部门的关系，进一步推动了兵团事业的发展。

兵团实行党政军企高度统一的特殊管理体制。兵团各级都建有党的组织，发挥着对兵团各项事业的领导作用。兵团设有行政机关和政法机关，自行管理内部行政、司法事务。兵团是一个“准军事实体”，设有军事机关和武装机构，沿用兵团、师、团、连等军队建制和司令员、师长、团长、连长等军队职务称谓，涵养着一支以民兵为主的武装力量。兵团也称为“中国新建集团公司”，是集农业、工业、交通、建筑、商业，承担经济建设任务的国有大型企业。兵团的党政军企四套领导机构与四项职能合为一体。兵团全面融入新疆社会，所属师、团场及企事业单位分布于新疆维吾尔自治区各地（州）、市、县（市）行政区内，主要由兵团自上而下地实行统一领导和垂直管理。在战略地位重要、团场集中连片、经济基础好、发展潜力大的垦区，设有7个“师市合一”的新疆维吾尔自治区直辖县级市和5个“团（场）镇合一”的建制镇，由兵团实行统一分级管理。

3. 开发与建设。兵团的经济建设是新疆维吾尔自治区经济建设的重要组成部分。长期以来，特别是改革开放后，兵团充分发挥自身优势，积极适应市场经济要求，调整经济结构和转变发展方式，大力推进城镇化、新型工业化和农业现代化建设，着力保护生态环境，改善民生，促进就业，提高公共服务和社会保障水平，各项事业取得显著成就，综合经济实力不断提升。2017年，兵团生产总值达2339.07亿元。

兵团高度融入新疆社会，长期与地方各民族毗邻而居、和睦相处、守望相助，构成各民族相互交往交流交融的“嵌入式”社会发展模式，做到了边疆同守、资源共享、优势互补、共同繁荣。兵团坚持为新疆各族人民服务的宗旨，积极支援地方建设，为各族群众办好事、办实事。兵团有汉、维、哈、回、蒙古、锡伯、俄罗斯、塔吉克、满等37个民族，少数民族人口达37.54万人，占总人口的13.9%，有37个少数民族聚居团场。兵团把加快少数民族聚居团场发展作为改善民生的重中之重，加大政策支持和扶贫开发力度。兵团全面贯彻国家的民族宗教政策，促进宗教和谐，尊重和保护少数民族风俗习惯，倡导民族和谐发展、文化共同繁荣、民俗相互尊重。增进了各民族成员之间的了解和认同，推进了新疆中华民族先进文化的建设，增强了边疆地区中华民族的凝聚力。

六、“东突厥斯坦”问题的由来

在中世纪阿拉伯地理学著作中，曾出现过“突厥斯坦”一词，意为“突厥人的地域”，是指中亚锡尔河以北及毗连的东部地区。随着历史的演进，中亚近代各民族相继确立，到18世纪，“突厥斯坦”的地理概念已相当模糊，在当时史籍中也已基本无人使用。19世纪初，随着帝国主义列强在中亚地区殖民扩张的深入，地理名词“突厥斯坦”重新被提出。1805年，俄国人季姆科夫斯基在使团出使报告中又使用了“突厥斯坦”的名称，用以从地理上表述中亚及中国新疆南部塔里木盆地。鉴于两地历史、语言、习俗的差异和政治归属的不同，他将位于“突厥斯坦”东部的中国新疆塔里木盆地称为“东突厥斯坦”，或称为

“中国突厥斯坦”。19 世纪中期，俄国先后吞并了中亚希瓦、布哈拉、浩罕三汗国，在中亚河中地区设立了“突厥斯坦总督区”，于是西方一些人称中亚河中地区为“西突厥斯坦”，或“俄属突厥斯坦”，把中国新疆地区称为“东突厥斯坦”。

20 世纪初以后，极少数新疆分裂分子和宗教极端分子，受国际上宗教极端主义和民族沙文主义思潮的影响，根据老殖民主义者炮制的说法，将不规范的地理名词“东突厥斯坦”政治化，编造了一套所谓的“东突厥斯坦独立”的“思想理论体系”。鼓吹“东突厥斯坦”自古以来就是一个独立的国家，其民族有近万年历史，“是人类历史上最优秀的民族”；鼓噪所有操突厥语和信奉伊斯兰教的民族联合起来，组成一个“政教合一”的国家；否认中国各民族共同缔造伟大祖国的历史；叫嚣“要反对突厥民族以外的一切民族”，消灭“异教徒”，中国是“东突厥斯坦民族3000 年的敌国”，等等。所谓的“东突”理论形成后，形形色色的分裂分子都打着“东突”的旗号进行活动，企图实现其建立“东突厥斯坦国”的妄想。

从 20 世纪初至 40 年代末，“东突”势力在外国敌对势力的怂恿、支持下，多次制造动乱。1933 年 11 月，沙比提大毛拉等在喀什建立了所谓“东突厥斯坦伊斯兰共和国”，但在新疆各族人民的反对下，不到三个月便垮台了。1944 年，爆发了反对国民党统治的、作为中国人民民主革命运动一部分的“三区革命”（指当时新疆的伊犁、塔城和阿勒泰三个地区），分裂分子艾力汗·吐烈（苏联时期乌兹别克人）窃取了“三区革命”初期的领导权，在伊宁成立了所谓“东突厥斯坦共和国”，自任“主席”。1946 年 6 月，“三区革命”领导人阿合买提江、阿巴索夫等撤销了艾力汗·吐烈的职务，将“东突厥斯坦共和国”改组为伊犁专区参议会，分裂势力受到了致命的打击。

新疆和平解放后，“东突”势力并不甘心失败。极少数逃到国外的新疆分裂分子和在境内的分裂分子里应外合，在国际反华势力的支持下伺机从事分裂破坏活动。尤其是进入20世纪90年代，在宗教极端主义、分裂主义和国际恐怖主义的影响下，境内外部分“东突”势力转向以恐怖暴力为主要手段的分裂破坏活动。一些“东突”组织公开宣扬要通过恐怖暴力手段达到分裂目的。在中国新疆和有关国家，“东突”势力策划、组织了一系列爆炸、暗杀、纵火、投毒、袭击等血腥恐怖暴力事件，严重危害了中国各族人民群众的生命财产安全和社会稳定，并对有关国家和地区的安全与稳定构成了威胁。

“9·11”事件发生后，国际反恐怖斗争与合作的呼声日趋强烈，“东突”势力为了摆脱尴尬的处境，又一次打着所谓维护“人权”“宗教自由”和“少数民族利益”的旗号，编造所谓“中国政府借机打击少数民族”的谎言，混淆视听，欺骗国际舆论，试图逃脱国际反恐怖主义的打击。

七、新时代党的治疆方略

2014年5月，习近平总书记在第二次中央新疆工作座谈会讲话中，明确提出新时代的治疆方略。指出，做好新疆工作是全党全国的大事，必须从战略全局高度，谋长远之策，行固本之举，建久安之势，成长治之业。要围绕社会稳定和长治久安这个总目标，以推进新疆治理体系和治理能力现代化为引领，以经济发展和民生改善为基础，以促进民族团结、遏制宗教极端思想蔓延等为重点，坚持依法治疆、团结稳疆、长期建疆，努力建设团结和谐、繁荣富裕、文明进步、安居乐业的社会主义新疆。

社会稳定和长治久安是新疆工作的总目标。必须把严厉打击暴力恐怖活动作为当前斗争的重点，高举社会主义法治旗帜，大力提高群防群治预警能力，筑起铜墙铁壁、构建天罗地网。要并行推进国内国际两条战线，强化国际反恐合作。

新疆的问题最长远的还是民族团结问题。民族分裂势力越是企图破坏民族团结，我们越要加强民族团结，筑牢各族人民共同维护祖国统一、维护民族团结、维护社会稳定的钢铁长城。要坚定不移坚持党的民族政策、坚持民族区域自治制度。民族团结是各族人民的生命线。要高举各民族大团结的旗帜，在各民族中牢固树立国家意识、公民意识、中华民族共同体意识，最大限度团结依靠各族群众，使每个民族、每个公民都为实现中华民族伟大复兴的中国梦贡献力量，共享祖国繁荣发展的成果。各民族要相互了解、相互尊重、相互包容、相互欣赏、相互学习、相互帮助，像石榴籽那样紧紧抱在一起。要加强民族交往交流交融，部署和开展多种形式的共建工作，推进“双语”教育，推动建立各民族相互嵌入式的社会结构和社区环境，有序扩大新疆少数民族群众到内地接受教育、就业、居住的规模，促进各族群众在共同生产生活和工作学习中加深了解、增进感情。

要精心做好宗教工作，积极引导宗教与社会主义社会相适应，发挥好宗教界人士和信教群众在促进经济社会发展中的积极作用。处理宗教问题的基本原则，就是保护合法、制止非法、遏制极端、抵御渗透、打击犯罪。要依法保障信教群众正常宗教需求，尊重信教群众的习俗，稳步拓宽信教群众正确掌握宗教常识的合法渠道。要重视培养爱国宗教教职人员队伍，采取有力措施提高宗教界人士素质，确保宗教组织领导权牢牢掌握在爱国爱教人士手中。

要坚定不移推动新疆更好更快发展，同时发展要落实到改善民生上、落实到惠及当地上、落实到增进团结上，让各族群众切身感受到党的关怀和祖国大家庭的温暖。要坚持就业第一，坚持教育优先，要加大扶贫资金投入力度。对南疆发展，要从国家层面进行顶层设计，实行特殊政策，打破常规，特事特办。对口援疆是国家战略，必须长期坚持，把对口援疆工作打造成加强民族团结的工程。新疆生产建设兵团要科学处理屯垦和维稳戍边、兵团和地方的关系，在事关根本、基础、长远的问题上发力。

要在各族群众中牢固树立正确的祖国观、民族观，弘扬社会主义核心价值体系和社会主义核心价值观，增强各族群众对伟大祖国的认同、对中华民族的认同、对中华文化的认同、对中国特色社会主义道路的认同。

做好新疆工作，关键是要发挥党总揽全局、协调各方的领导核心作用，全面加强和改进党的建设，为新疆社会稳定和长治久安提供坚强政治保证。

第十章　港澳台统战工作

一、“一国两制”

“一国两制”是中国特色社会主义理论的重要内容，是对毛泽东和周恩来关于和平解决台湾问题思想的继承和发展，是我国的一项基本国策，是实现祖国和平统一的重大方针。

毛泽东、周恩来等新中国第一代领导人为和平统一祖国做出的不懈努力，为邓小平提出“一国两制”构想提供了历史借鉴。1955 年 4 月，周恩来在万隆会议上提出了中国政府对解放台湾问题的立场和新的方式，强调中国政府愿意在可能条件下，争取用和平方式解放台湾。1956 年 4 月，毛泽东提出了“和为贵”“爱国一家”“爱国不分先后”“以诚相见”和“来去自由”等主张。1956 年 9 月召开的中共八大《关于政治报告的决议》中提出，应当争取用和平方式解放台湾。1957 年 4 月，毛泽东在欢迎苏联最高苏维埃主席团主席伏罗希洛夫的酒会上表示，我们还准备第三次国共合作。1958 年，毛泽东亲自起草《告台湾同胞书》，强调“我们都是中国人”，提出“举行谈判，实行和平解决”。1960 年 5 月，周恩来请张治中致信蒋介石，“台湾的社会改革可以从缓，必俟条件成熟并征得蒋之同意后进行”。1961 年 6 月，毛泽东再次表示：“我们容许台湾保持原来的社会制度，等台湾人民自己来解决这个问题。”1962 年，由毛泽东亲自拟定，周恩来主持执行，通过张治中等多种渠道向台湾国民党传达了和平解放台湾的基本政策，其主要内容被概括为“一纲四目”，即两岸统一是“纲”；台湾人事大权自己定、军政建设经费不足时由中央拨付、社会改革可以从缓、互相不派人搞破坏为“四目”。这些表述，为“一国两制”的形成奠定了重要思想基础。

党的十一届三中全会后，党的工作重心重新回到经济建设上来，国家逐步走向稳定，和平解决台湾问题再次提上议事日程，国家统一问题的新思路和新战略逐步得以确立。1978 年 12 月，在研究中美建交后对台工作时，邓小平提出了“实现第三次国共合作，完成祖国统一。台湾社会经济制度、生活方式、外国投资不变，军队变成地方武装”的意见，表达了“一国两制”的最初设想。1979 年元旦，全国人大常委会在中美建交的同一天发表《告台湾同胞书》，宣布：“在解决统一问题时尊重台湾现状和台湾各界人士的意见，采取合情合理的政策和办法，不使台湾人民蒙受损失。”1980 年 4 月，邓小平在一次谈话中说，“我们允许台湾社会的制度不变，生活方式不变，甚至允许台湾作为地方政府保留自己的军事力量，只要台湾当局承认台湾是中华人民共和国的一部分，它是一个具有广泛自治权的地方政府”。1981 年 9 月，全国人大常委会委员长叶剑英发表了和平解决台湾问题的九条方针政策，进一步阐明中国共产党和平统一祖国的基本立场，也对“一国两制”构想作了具体阐述。1982 年 1 月，邓小平在会见美国华人协会主席李耀基时指出：九条方针是以叶剑英委员长的名义提出来的，实际上就是“一个国家、两种制度”。这是党的领导人首次提出“一个国家、两种制度”的概念。1982 年 12 月，全国人大五届五次会议通过的《宪法》规定：“国家在必要时得设立特别行政区。在特别行政区内实行的制度按照具体情况由全国人民代表大会以法律规定。”“一国两制”上升为国家意志。

“一国两制”的内涵，概括地说，就是在统一的中华人民共和国境内，大陆坚持实行社会主义制度，而台港澳可以继续保持原有的资本主义制度和生活方式，在相当长的时期内不变。它的基本点是：1. 一个中国。世界上只有一个中国，台湾海峡两岸同属一个中国，这是和平统一的基础和前提，坚决反对“两个中国”“一中一台”和“台湾独立”。2. 两制并存。大陆的社会主义制度和台湾、香港、澳门的资本主义制度，长期共存，共同发展，谁也不“吃”掉谁，谁也不以自己的制度去代替对方的制度。3. 高度自治。就台湾而言，两岸统一后，除带主权性的外交权外，其余党、政、军、经、财等事宜都由台湾自行管理。台湾方面还可出任全国性政权机构的领导职务，参与全国性事务的领导与管理。4. 和平谈判。台湾问题是中国内战的遗留问题，需要由两岸中国人，通过和平谈判与民主协商的方式解决两岸统一和统一后的各种有关问题，以避免骨肉相残。

“一国两制”最初是为解决台湾问题而提出的，却先后运用于香港问题和澳门问题的解决。1984 年 12 月 19 日，中英两国在北京签订《关于香港问题的联合声明》，第一次将“一国两制”写进双边协定。1987 年 4 月，中葡两国签署的《关于澳门问题的联合声明》规定，“中国政府根据‘一个国家、两种制度’的方针，设立澳门特别行政区”。1997 年 7 月 1 日，香港回归祖国。1999 年 12 月 20 日，澳门回归祖国。香港、澳门特别行政区开始了实践“一国两制”的伟大进程。

二、香港问题的由来及解决

香港问题是在英国发动两次鸦片战争后形成的，是殖民主义对中国的侵略造成的，是中英两国之间的历史问题。1840 年 4 月，中英鸦片战争首先在香港揭开序幕。1841 年 1 月，英国侵略者便用武力强占了香港岛。1842 年 8 月，清政府被迫签订了中国历史上第一个丧权辱国的不平等条约——中英《南京条约》，同意把香港岛永久割让给英国。

1860 年，英法侵略者发动了第二次鸦片战争。英国驻广州总领事巴夏礼强迫广东地方政府签订租约，将“九龙司地方一区”“永租”英国。是年 10 月，英国强迫清政府与其签订了《北京条约》，从而九龙半岛南端的九龙司又被英国割占。1898 年 6 月，英国强迫清政府签订了《展拓香港界址专条》，将沙头角海至深圳湾最短距离直线以南、界限街以北广大地区、附近大小岛屿 235 个以及大鹏湾、深圳湾水域租予英国，租期 99 年。至此，香港（包括香港岛、九龙半岛和新界地区）这颗“东方明珠”完全落入了英国殖民者的魔掌。

清朝被推翻后，历届中国政府从未承认上述三个不平等条约，但在当时半殖民地半封建的旧中国，香港问题也一直没能解决。

1949 年在中国人民解放军渡江前后，毛泽东就考虑如何处理香港问题了。根据当时的国内外形势，中共中央确立了关于“暂时不动香港”的战略决策。新中国成立后，中国政府通过秘密途径向港英政府传递出周恩来总理提出的三项条件：一是香港不能用作反对中华人民共和国的军事基地；二是不许进行旨在破坏中华人民共和国威信的活动；三是中华人民共和国在港人员必须得到保护。并明确表示，只要港英政府很好地遵守，香港就可以长期维持现状。港英政府认为这些要求很合理，于是欣然接受并和北京方面约定将此秘而不宣。进入 20 世纪 60 年代，国际、国内形势都发生了重大变化，但中共中央在香港问题上始终坚持既定方针不变。1960 年，中共中央在总结过去 10 年对港澳工作历史经验的基础上，明确提出“长期打算、充分利用”的方针。进入 70 年代，随着中国国际环境的改善和国际地位的提高，加之香港新界“租约”期满的日趋临近，中国领导人在继续坚持对香港问题的既定方针的同时，开始明确解决香港主权问题。

邓小平设计香港回归是从 1978 年下半年开始的。1979 年 3 月，邓小平在北京会见来访的港督麦理浩时说：“我们把香港作为一个特殊地区，特殊问题来处理。到了 1997 年，无论香港问题如何解决，它的特殊地位都可以得到保证。说清楚一点，就是在本世纪和下世纪相当长时期内，香港还可以搞它的资本主义，我们搞我们的社会主义，因此，请投资者放心。”这是邓小平首次对香港“九七”前途发表意见，在中国香港、英国社会及至整个国际社会都引起了强烈反响。1982 年 9 月，邓小平在北京会见英国首相撒切尔夫人，中英两国政府关于解决香港问题的外交谈判由此拉开了序幕。中英开始了历经两年零三个月 22 轮的艰苦谈判。1984 年 12 月，《中英关于香港问题的联合声明》签订，圆满解决了中国恢复对香港行使主权的问题，又为香港的长期繁荣和稳定提供了坚实的基础。1985 年 4 月，全国人大六届三次会议审议批准了中英联合声明。

1997 年 6 月 30 日晚，中英两国政府举行了香港主权交接仪式。23 时 59 分，英国国旗和香港旗在英国国歌乐曲声中缓缓降落，英国在香港一个半世纪的殖民统治宣告结束。7 月 1 日零点整，中国人民解放军军乐队奏起雄壮的《中华人民共和国国歌》，中国国旗和香港特区区旗一起徐徐升起。国家主席江泽民庄严宣告中国政府恢复对香港行使主权，中华人民共和国香港特别行政区正式成立。香港终于回到了祖国的怀抱。

三、澳门问题的由来及解决

澳门自古以来就是中国的领土。公元前 221 年秦始皇统一中国时，澳门已纳入中国版图，为南海郡番禺县属。澳门的开埠始于 1535 年，明政府将市舶提举司（贸易管理机关）移至澳门，允许葡萄牙人和其他外国商船在澳门附近海上进行贸易。1553 年，葡萄牙人通过贿赂收买当地官员，以晾晒水浸货物为由，要求上岸，得到批准，从此葡萄牙人逐渐在澳门聚居成村，开始长期居住。以后，他们渐次扩大居住地区，修筑城墙炮台，在葡萄牙人内部实行葡式管理。但从葡萄牙人入居澳门至鸦片战争前近 300 年间，明清政府一直对澳门拥有并行使主权，依法实行管理，收取税赋。

1840 年鸦片战争后，葡乘清政府战败之机，向中国提出领土要求，未果，便武装进犯，赶走中国驻澳官员，拆毁政府衙门和海关，将占领澳门半岛的范围逐步扩大到今日关闸一带，并分别于 1851 年和 1864 年武装占领了氹仔岛和路环岛。1887 年葡萄牙强迫清政府签署了《中葡和好通商条约》，又称《中葡北京条约》，其中关键一款是“中国允准葡国永驻管理澳门及属澳之地，与葡治理他处无异”。

澳门作为中国领土的一部分，由于历史的原因长期被葡萄牙占领，但中国历届政府都从未在澳门的主权问题上作过让步，也从未在法律上将中国对澳门的主权让予他国。随着中华人民共和国的建立、中葡两国的友好建交以及中国统一大业的推进，中国对澳门行使主权的时机已逐步成熟。

1979 年 2 月中葡建交，两国就澳门问题达成协议，指出澳门是中国的领土，暂时由葡萄牙管理，澳门问题是历史遗留下来的问题，在适当的时机，中葡两国通过友好协商解决。1987 年，中葡两国在北京正式签署关于澳门问题的《中葡联合声明》，宣布我国将于 1999 年 12 月 20 日对澳门恢复行使主权。1999 年 12 月 20 日，中华人民共和国对澳门恢复行使主权，设立中华人民共和国澳门特别行政区。

四、香港基本法

香港基本法的全称是《中华人民共和国香港特别行政区基本法》，其内容主要是将我国在《中英联合声明》中宣布的对香港的基本方针、政策法律化，规定“一国两制”条件下香港的制度和政策，是“一国两制”在立法领域的一次光辉实践。

1984 年 12 月正式签订的《中英关于香港问题的联合声明》中，中国政府系统阐述了对香港的基本方针政策，并承诺以中华人民共和国香港特别行政区基本法的形式把它固定下来，保持 50 年不变。1985 年 4 月，全国人大六届三次会议决定成立香港特别行政区基本法起草委员会，负责基本法的起草工作。1990 年 4 月，全国人大七届三次会议通过《香港特别行政区基本法》，并决定于 1997 年 7 月 1 日起实施。香港基本法是在全国人民，特别是香港各界人士的密切关注和参与下完成的，凝聚了香港与内地人民的智慧。它的诞生，标志着“一国两制”已经成为既有理论指导和政策措施，又有法律依据的科学构想，如何落实也更加具体化。

香港基本法的内容十分丰富，除了保证香港的资本主义社会政治经济制度、生活方式50年不变，法律基本不变外，还赋予香港特区政府高度的自治权，主要包括：1. 独立的行政管理权，香港特区政府的各级官员，由香港居民担任。2. 立法权。香港特区可根据香港的实际情况和需要，独立制定和颁布法律。3. 独立的司法权。香港的司法、执法部门不受中央政府有关部门的领导、影响和干扰。4. 终审权，即案件的最终审判权力。香港终审法院对香港所有的案件具有最终审判权力。5. 财政独立。香港的一切收入全归香港留用，不须向中央政府缴纳财政收入和利税。6. 独立的关税和经贸政策，自行发行货币，自行管理出入境口岸。

香港是直辖于中央人民政府的一个高度自治的特别行政区，不是一个独立的政治实体，所以，有一些涉及中央层面的事务，必须由中央人民政府处理，主要包括：1. 国防事务，由中央人民政府负责，中国人民解放军在香港派驻部队，守卫边防。2. 外交事务，由中央人民政府负责，外交部在香港设立机构，处理外交事务。3. 在国家或香港地区进入紧急状态时，如战争或动乱，中央政府可发布命令将全国性的有关法律在香港实施。4. 香港特区的行政长官和香港政府的主要官员，在香港通过协商和选举产生后，必须报经中央人民政府任命。5. 香港基本法的解释权在全国人大常委会。6. 香港基本法的修改权属于全国人民代表大会。7. 香港的涉台问题，凡属涉及国家主权和两岸关系的事务，由中央人民政府安排处理，或由特区政府在中央人民政府指导下处理。

五、澳门基本法

澳门基本法的全称是《中华人民共和国澳门特别行政区基本法》，其内容主要是将我国在《中葡联合声明》中宣布的对澳门的基本方针、政策法律化，规定“一国两制”条件下澳门的制度和政策，是澳门的宪制性法律，其主要目标是维护澳门特别行政区的持续发展、繁荣稳定。

根据1987年4月签订的《中华人民共和国政府和葡萄牙共和国政府关于澳门问题的联合声明》，中国政府承诺制定澳门基本法。1988年4月，全国人大七届一次会议决定成立中华人民共和国澳门特别行政区基本法起草委员会，负责澳门特别行政区基本法的起草工作。1993年3月，全国人大八届一次会议审议通过《中华人民共和国澳门特别行政区基本法》，并决定基本法于1999年12月20日起实施。澳门基本法的制定，凝聚了澳门和内地人民的智慧，充分体现了“一国两制”的方针，不仅为澳门未来的经济繁荣和社会稳定提供了法律保证，而且为澳门政权交接的过渡时期指明了在各个方面相互衔接的方向。

澳门基本法的各项规定，既有助于维护国家的独立、统一、主权和领土完整，又充分保证澳门特别行政区享有和行使高度的自治权，反映和照顾了澳门的实际和特点，继续保持澳门原有的社会制度和生活方式50年不变。赋予澳门特区政府的高度自治权主要包括：1. 独立的行政管理权。澳门特区政府的各级官员，一律由澳门居民担任。2. 立法权。澳门特区可以根据澳门的实际情况和需要，独立制定和颁布法律。3. 独立的司法权。澳门的司法、执法部门不受中央人民政府有关部门的领导、影响和干扰。4. 终审权。即案件的最终审判权力。澳门特别行政区终审法院对澳门所有的案件均有最终审判权。5. 财政独立。澳门的一切收入全归澳门留用，不须向中央人民政府缴纳财政收入和利税。6. 独立的关税和经贸政策。自行发行货币，自行管理出入境口岸。

澳门特别行政区是中华人民共和国的一个享有高度自治权的地方行政区域，直辖于中央人民政府，它不是一个独立的政治实体，所以，一些涉及中央层面的事务，必须由中央人民政府处理，主要包括：1. 国防事务由中央人民政府负责。2. 外交事务由中央人民政府负责，外交部在澳门设立机构，处理外交事务。3. 在国家或澳门地区进入紧急状态时，如战争或动乱，中央人民政府可发布命令将全国性的有关法律在澳门实施。4. 澳门特区的行政长官及澳门政府的主要官员，在澳门通过协商和选举产生后，必须报中央人民政府任命。5. 澳门基本法的解释权在全国人大常委会。6. 澳门基本法的修改权属全国人民代表大会。

六、全面准确贯彻“一国两制”、“港人治港”、“澳人治澳”、高度自治的方针

习近平总书记在党的十九大报告中指出，保持香港、澳门长期繁荣稳定，必须全面准确贯彻“一国两制”、“港人治港”、“澳人治澳”、高度自治的方针。

“一国两制”是解决历史遗留的香港、澳门问题的最佳方案，是香港、澳门回归后保持长期繁荣稳定的最佳制度，也是处理港澳问题总的方针政策。要正确处理“一国”与“两制”的关系，把维护中央对香港、澳门特别行政区全面管治权和保障特别行政

区高度自治权有机结合起来，确保“一国两制”方针不会变、不动摇，确保“一国两制”实践不变形、不走样。

“港人治港”是邓小平于20世纪80年代提出的解决香港问题新构想，主要指香港特别行政区的行政机关和立法机关由香港永久居民组成，而不是由中央政府派内地人去任职。《香港基本法》规定，香港特别行政区政府可任用原香港公务人员中的或持有香港特别行政区永久性居民身份证的英籍和其他外籍人士担任政府部门的各级公务人员，还可聘请英籍和其他外籍人士担任政府部门的顾问，必要时并可从香港特别行政区以外聘请合格人员担任政府部门的专门和技术职务。上述外籍人士只能以个人身份受聘，对香港特别行政区政府负责。港人治港有一个重要的界限和标准，就是必须由以爱国者为主体的港人来治理香港。爱国者的标准是，尊重自己民族，诚心诚意拥护祖国恢复行使对香港的主权，不损害香港的繁荣和稳定。

“澳人治澳”是为了保持澳门回归后的繁荣和稳定，充分发挥澳门居民当家作主的热情和聪明才智，保证澳门高度自治的实现而制定的，是中华人民共和国对澳门实施的基本方针政策的主要组成部分。其基本内涵是，澳门特别行政区自治范围内的事务由澳门当地人自己管理。澳门特别行政区的行政机关和立法机关由澳门特别行政区永久性居民组成。同时，澳门特别行政区政府可任用原澳门公务人员中的或持有澳门特别行政区永久性居民身份证的葡籍和其他外籍人士担任各级公务人员，但他们只能以个人身份受聘，并对澳门特别行政区政府负责。

高度自治指香港、澳门两个特别行政区都直辖于中央人民政府，除国防和外交事务属于中央人民政府管理外，享有高度的自治权。主要包括：1. 在行政方面的自治权。特别行政区享有行政管理权。香港、澳门特别行政区都拥有自己单独的财税制度、货币发行体系和金融政策决定权。特别行政区保持财政独立，财政收入全部用于自身需要，不上缴中央人民政府。在出入境管制，土地契约，航运，民用航空和教育、科学、文化、体育、宗教、劳工和社会服务等方面也都享有高度自治权。2. 在立法方面的自治权。特别行政区享有立法权。立法会为特别行政区的立法机关。除了有关外交、国防和其他按基本法规定不属于特别行政区自治范围的法律，特别行政区不能自行制定外，其余所有民事的、刑事的、商事的和诉讼程序方面的法律都可以制定。3. 在司法方面的自治权。特别行政区享有独立的司法权和终审权。特别行政区法院除继续保持本地原有法律制度和原则对法院审判权所作的限制外，对特别行政区所有的案件均有审判权。但对国防、外交等国家行为无管辖权。此外，在对外事务方面，特别行政区依法可以“中国香港”或“中国澳门”名义，在经济、贸易、金融、航运、通讯、旅游、文化、体育等领域单独同世界各国、有关国际组织保持和发展联系，签订和履行有关协议。

七、“台湾问题”的由来

台湾问题是中国内战遗留下来的问题，两岸政治上的长期敌对，加上外国势力的介入和干涉以及台湾独特的历史，使台湾问题成为困扰中华民族的重大问题。

台湾自古以来就是中国领土。第二次世界大战结束后，台湾不仅在法律上而且在事实上已经归回中国。1945 年 10 月 25 日，台湾省“行政长官”陈仪在台北接受日军投降，并宣告“从今日起台湾及澎湖列岛正式重入中国版图”。以蒋介石为首的国民党发动的内战失败后，处于危局中的蒋介石确定把国民党的最后落脚点放在台湾，并于1949年1月开始对台湾进行苦心经营，12月国民党行政当局和国民党中央党部先后迁至台北。从此，台湾再次陷入与祖国大陆的分离状态之中。

台湾问题的产生及迟迟得不到解决，美国负有不可推卸的责任。抗日战争胜利后，美国出钱出枪支持蒋介石打内战，直接扮演了台湾问题制造者的角色。新中国成立后，美国政府出于反共反华立场和推行亚太地区战略的需要，对新中国采取孤立、遏制的政策，从政治上、军事上、经济上扶植台湾当局，武力干涉中国人民解放台湾、完成统一祖国大业。美国将台湾视作一枚重要的战略棋子，实施“以独制台”“以台制中”“以中制苏”的连环计策略，让不同势力之间相互作用，自己从中渔利。

“台独”及其“台独”运动是寄生在中华民族肌体上的一大毒瘤，它构成了台湾“问题”的一切内部因素。所谓“台独”，就是“台湾独立建国”，即割断台湾岛与大陆之间的历史文化联系，彻底将台湾从祖国母体中分离出去。“台独”运动，则是为了实现“台独”这一目标所实施、展开的一切行动。“台独”的形式有两种：一种是传统意义上的“台独”，即显性“台独”“明独”，主张分割主权、独立建国，既否定台湾的中国属性，又否定自身的民族归属，即不承认自己是中国人；另一种是“独台”，即隐性“台独”渐进式“台独”“暗独”，主张“中华民国”是主权独立的国家，两岸互不隶属。这是李登辉及其所代表的国民党内的独派势力的观点，先是“一国两府”，后有“两岸是对等的政治实体”，然后是“两国论”，最终实现主权和领土的分裂。2000年3月，陈水扁登上了台湾政坛的权力顶峰，“台独”运动由暗而明、由民间而官方猖獗起来，去中国化、否定“九二共识”、为台湾“正名”，抛出所谓修改“宪法”“法律”“法理独立”等。因此，“台独”及其“台独”运动是台湾问题之所以产生、发展并长期难以解决的又一重要原因。

2000 年 2 月 21 日，中国国务院发表了《一个中国原则与台湾问题》白皮书，明确指出，如果出现台湾被以任何名义从中国分割出去的重大事变，如果出现外国侵占台湾，如果台湾当局无限期地拒绝通过谈判和平解决两岸统一问题，中国政府只能被迫采取一切可能的断然措施，包括使用武力，来维护中国的主权和领土完整，完成中国的统一大业。这是全体中国人民统一意志的集中表达，也是对台湾分裂势力和国外反华势力的严正警告。

八、“九二共识”

“九二共识”指 1992 年 11 月大陆的两岸关系协会与台湾的海峡交流基金会，就解决两会事务性商谈中如何表明坚持一个中国原则的态度问题所达成的，以口头方式表达的“海峡两岸均坚持一个中国原则”的共识。

1987 年底，长达 30 多年的两岸隔绝状态被打破后，两岸人员往来和经济、文化等各项交流随之发展起来，同时也衍生出种种问题。为了解决这些问题，台湾不得不调整“不接触、不妥协、不谈判”的“三不政策”，于 1990 年 11 月 21 日成立了得到官方授权的与大陆联系与协商的民间性中介机构——海峡交流基金会，出面处理官方“不便与不能出面的两岸事务”。为便于与海基会接触、商谈，中共中央台办、国务院台办推动于 1991 年 12 月 16 日成立海峡两岸关系协会，并授权以坚持一个中国原则作为两会交往和事务性商谈的基础。

1992 年 10 月 28 日至 30 日，两会在香港商谈中，就海峡两岸事务性（公证书使用）商谈中如何表述坚持一个中国原则的问题进行了讨论。海协会的基本态度是，海峡两岸交往中的具体问题是中国的内部事务，应本着一个中国原则协商解决。在事务性商谈中，只要表明坚持一个中国原则的基本态度，可以不讨论一个中国的政治涵义，表述的方式可以充分协商。会谈即将结束时，海基会拿出了他们的最后表述内容："在海峡两岸共同努力谋求国家统一的过程中，双方虽均坚持一个中国的原则，但对于一个中国的涵义，认知各有不同。惟鉴于两岸民间交流日益频繁，为保障两岸人民权益，对于文书查证，应加以妥善解决。"还建议"用各自口头声明的方式表述一个中国原则"。

1992 年 11 月 16 日，海协会正式致函台湾海基会表示，"在这次工作性商谈中，贵会代表建议在相互谅解的前提下，采用贵我两会各自口头声明的方式表述一个中国原则，并提出了具体表述内容，其中明确了海峡两岸均坚持一个中国的原则"。"我会充分尊重并接受贵会的建议"。"现将我会拟作口头表述的要点函告贵会：海峡两岸都坚持一个中国的原则，努力谋求国家的统一。但在海峡两岸事务性商谈中，不涉及'一个中国'的政治涵义。本此精神，对两岸公证书使用（或其他商谈事务）加以妥善解决。"海协的函后并附上了海基会最后提供的表述方案。12 月 3 日，海基会回函海协，对达成共识未表示异议。至此，关于一个中国原则表述问题的讨论，以形成双方相互接受的两段具体表述内容为结果而告一段落。

习近平总书记在党的十九大报告中指出，"体现一个中国原则的'九二共识'明确界定了两岸关系的根本性质，是确保两岸关系和平发展的关键。承认‘九二共识’的历史事实，认同两岸同属一个中国，两岸双方就能开展对话，协商解决两岸同胞关心的问题，台湾任何政党和团体同大陆交往也不会存在障碍”。

九、《反分裂国家法》

2005 年 3 月，《反分裂国家法》由全国人大十届三次会议通过并予以公布，自公布之日起施行。祖国大陆将“和平统一、一国两制”等实现两岸统一的大政方针转化为国家立法，集中体现了全国各族人民不可动摇的反对分裂国家的坚强意志，具有最高的权威性。

《反分裂国家法》的立法目的，就是“为了反对和遏制‘台独’分裂势力分裂国家，促进祖国和平统一，维护台湾海峡地区和平稳定，维护国家主权和领土完整，维护中华民族的根本利益”；强调“世界上只有一个中国，大陆和台湾同属一个中国，中国的主权和领土完整不容分割。维护国家主权和领土完整是包括台湾同胞在内的全中国人民的共同义务。台湾是中国的一部分。国家绝不允许‘台独’分裂势力以任何名义、任何方式把台湾从中国分裂出去”；指出“台湾问题是中国内战的遗留问题。解决台湾问题，实现祖国统一，是中国的内部事务，不受任何外国势力的干涉”；声明“‘台独’分裂势力以任何名义、任何方式造成台湾从中国分裂出去的事实，或者发生将会导致台湾从中国分裂出去的重大事变，或者和平统一的可能性完全丧失，国家得采取非和平方式及其他必要措施，捍卫国家主权和领土完整”；还提出“维护台湾海峡地区和平稳定，发展两岸关系”的一系列具体措施。从而为坚持和贯彻党和国家对台工作方针政策，推动两岸关系和平发展，促进祖国完全统一，提供了根本法律保障和依据。

十、《台湾同胞投资保护法》

中国政府对台湾同胞来大陆投资采取保护和鼓励的政策，主张“不以政治分歧去影响、干扰两岸经济合作”，“不论在什么情况下，我们都将切实维护台商的一切正当权益，并注重用法律手段保护台商在大陆投资的合法权益”。

1994 年 3 月，全国人大八届六次会议通过《台湾同胞投资保护法》。主要内容包括：国家对台湾同胞投资者的投资不实行国有化和征收；在特殊情况下，根据社会公共利益的需要，对台湾同胞投资者的投资可以依照法律程序实行征收，并给予相应的补偿；台湾同胞投资者投资的财产、工业产权、投资收益和其他合法权益，可以依法转让和继承；台湾同胞投资者可以用自由兑换货币、机器设备或者其他实物、工业产权、非专利技术等作为投资，台湾同胞投资者可以用投资获得的收益进行再投资；台湾同胞投资企业依照法律、行政法规和经审批机关批准的合同、章程进行经营管理活动，其经营管理的自主权不受干涉。台湾同胞投资者依法获得的投资收益、其他合法收入和清算后的资金，可以依法汇回台湾或者汇往境外；台湾同胞投资企业依照国务院关于鼓励台湾同胞投资的有关规定，享受优惠待遇。

习近平总书记在党的十九大报告中指出，“愿意率先同台湾同胞分享大陆发展的机遇。我们将扩大两岸经济文化交流合作，实现互利互惠，逐步为台湾同胞在大陆学习、创业、就业、生活提供与大陆同胞同等的待遇，增进台湾同胞福祉”。这就要求我们贯彻好《台湾同胞投资保护法》，保护和鼓励台湾同胞投资，促进海峡两岸的经济发展和交流合作，增进两岸同胞血浓于水的骨肉亲情。

十一、新时代推进祖国和平统一的重大政策

2019年1月2日，习近平总书记在《告台湾同胞书》发表40周年纪念会上发表重要讲话，从历史和现实相贯通、理论和实践相结合的高度，提出了五个方面重大政策主张，深刻昭示了两岸关系发展的历史大势，科学回答了在中华民族伟大复兴新征程中如何推进祖国和平统一的时代命题。

1. 携手推动民族复兴，实现和平统一目标。民族复兴、国家统一是大势所趋、大义所在、民心所向。一水之隔、咫尺天涯，两岸迄今尚未完全统一是历史遗留给中华民族的创伤。两岸中国人应该共同努力谋求国家统一，抚平历史创伤。广大台湾同胞都是中华民族一分子，要做堂堂正正的中国人，认真思考台湾在民族复兴中的地位和作用，把促进国家完全统一、共谋民族伟大复兴作为无上光荣的事业。台湾前途在于国家统一，台湾同胞福祉系于民族复兴。两岸关系和平发展是维护两岸和平、促进两岸共同发展、造福两岸同胞的正确道路。两岸关系和平发展要两岸同胞共同推动，靠两岸同胞共同维护，由两岸同胞共同分享。中国梦是两岸同胞共同的梦，民族复兴、国家强盛，两岸中国人才能过上富足美好的生活。在中华民族走向伟大复兴的进程中，台湾同胞定然不会缺席。两岸同胞要携手同心，共圆中国梦，共担民族复兴的责任，共享民族复兴的荣耀。台湾问题因民族弱乱而产生，必将随着民族复兴而终结！

2. 探索“两制”台湾方案，丰富和平统一实践。“和平统一、一国两制”是实现国家统一的最佳方式，体现了海纳百川、有容乃大的中华智慧，既充分考虑台湾现实情况，又有利于统一后台湾长治久安。制度不同，不是统一的障碍，更不是分裂的借口。“一国两制”的提出，本来就是为了照顾台湾现实情况，维护台湾同胞利益福祉。“一国两制”在台湾的具体实现形式会充分考虑台湾现实情况，会充分吸收两岸各界意见和建议，会充分照顾到台湾同胞利益和感情。在确保国家主权、安全、发展利益的前提下，和平统一后，台湾同胞的社会制度和生活方式等将得到充分尊重，台湾同胞的私人财产、宗教信仰、合法权益将得到充分保障。两岸同胞是一家人，两岸的事是两岸同胞的家里事，当然也应该由家里人商量着办。和平统一，是平等协商、共议统一。两岸长期存在的政治分歧问题是影响两岸关系行稳致远的总根子，总不能一代一代传下去。两岸双方应该本着对民族、对后世负责的态度，凝聚智慧，发挥创意，聚同化异，争取早日解决政治对立，实现台海持久和平，达成国家统一愿景，让我们的子孙后代在祥和、安宁、繁荣、尊严的共同家园中生活成长。在一个中国原则基础上，台湾任何政党、团体同我们的交往都不存在障碍。以对话取代对抗、以合作取代争斗、以双赢取代零和，两岸关系才能行稳致远。我们愿意同台湾各党派、团体和人士就两岸政治问题和推进祖国和平统一进程的有关问题开展对话沟通，广泛交换意见，寻求社会共识，推进政治谈判。我们郑重倡议，在坚持“九二共识”、反对“台独”的共同政治基础上，两岸各政党、各界别推举代表性人士，就两岸关系和民族未来开展广泛深入的民主协商，就推动两岸关系和平发展达成制度性安排。

3. 坚持一个中国原则，维护和平统一前景。尽管海峡两岸尚未完全统一，但中国主权和领土从未分割，大陆和台湾同属一个中国的事实从未改变。一个中国原则是两岸关系的政治基础。坚持一个中国原则，两岸关系就能改善和发展，台湾同胞就能受益。背离一个中国原则，就会导致两岸关系紧张动荡，损害台湾同胞切身利益。统一是历史大势，是正道。“台独”是历史逆流，是绝路。广大台湾同胞具有光荣的爱国主义传统，是我们的骨肉天亲。我们坚持寄希望于台湾人民的方针，一如既往尊重台湾同胞、关爱台湾同胞、团结台湾同胞、依靠台湾同胞，全心全意为台湾同胞办实事、做好事、解难事。广大台湾同胞不分党派、不分宗教、不分阶层、不分军民、不分地域，都要认清“台独”只会给台湾带来深重祸害，坚决反对“台独”分裂，共同追求和平统一的光明前景。我们愿意为和平统一创造广阔空间，但绝不为各种形式的“台独”分裂活动留下任何空间。中国人不打中国人。我们愿意以最大诚意、尽最大努力争取和平统一的前景，因为以和平方式实现统一，对两岸同胞和全民族最有利。我们不承诺放弃使用武力，保留采取一切必要措施的选项，针对的是外部势力干涉和极少数“台独”分裂分子及其分裂活动，绝非针对台湾同胞。两岸同胞要共谋和平、共护和平、共享和平。

4. 深化两岸融合发展，夯实和平统一基础。两岸同胞血脉相连。亲望亲好，中国人要帮中国人。我们对台湾同胞一视同仁，将继续率先同台湾同胞分享大陆发展机遇，为台湾同胞台湾企业提供同等待遇，让大家有更多获得感。和平统一之后，台湾将永保太平，民众将安居乐业。有强大祖国做依靠，台湾同胞的民生福祉会更好，发展空间会更大，在国际上腰杆会更硬、底气会更足，更加安全、更有尊严。我们要积极推进两岸经济合作制度化，打造两岸共同市场，为发展增动力，为合作添活力，壮大中华民族经济。两岸要应通尽通，提升经贸合作畅通、基础设施联通、能源资源互通、行业标准共通，可以率先实现金门、马祖同福建沿海地区通水、通电、通气、通桥。要推动两岸文化教育、医疗卫生合作，社会保障和公共资源共享，支持两岸邻近或条件相当地区基本公共服务均等化、普惠化、便捷化。

5. 实现同胞心灵契合，增进和平统一认同。国家之魂，文以化之，文以铸之。两岸同胞同根同源、同文同种，中华文化是两岸同胞心灵的根脉和归属。人之相交，贵在知心。不管遭遇多少干扰阻碍，两岸同胞交流合作不能停、不能断、不能少。两岸同胞要共同传承中华优秀传统文化，推动其实现创造性转化、创新性发展。两岸同胞要交流互鉴、对话包容，推己及人、将心比心，加深相互理解，增进互信认同。要秉持同胞情、同理心，以正确的历史观、民族观、国家观化育后人，弘扬伟大民族精神。亲人之间，没有解不开的心结。久久为功，必定能达到两岸同胞心灵契合。支持和追求国家统一是民族大义，应该得到全民族肯定。伟大祖国永远是所有爱国统一力量的坚强后盾！我们真诚希望所有台湾同胞，像珍视自己的眼睛一样珍视和平，像追求人生的幸福一样追求统一，积极参与到推进祖国和平统一的正义事业中来。

十二、港澳台统战工作的主要任务

港澳台统战工作，要围绕港澳人心回归、台湾民心认同，广泛团结港澳同胞和台湾同胞，促进海内外同胞关系和谐，为推进“四个全面”战略布局，为实现“两个一百年”奋斗目标和中华民族伟大复兴的中国梦，提供最广泛的力量支持。

港澳统一战线工作的主要任务是：全面准确贯彻“一国两制”“港人治港”“澳人治澳”、高度自治的方针，严格依照宪法和基本法办事，支持特别行政区行政长官和政府依法施政，发展壮大爱国爱港、爱国爱澳力量，增强香港同胞、澳门同胞的国家观念和中华民族意识，保持香港、澳门长期繁荣稳定。

对台统一战线工作的主要任务是：贯彻执行中央对台工作大政方针，坚持一个中国原则，反对“台独”分裂活动，广泛团结台湾同胞，巩固深化两岸关系和平发展的政治、经济、文化、社会基础，在实现中华民族伟大复兴进程中完成祖国统一大业。

十三、中华海外联谊会

中华海外联谊会（英文缩写：COFA）是由中国大陆各界代表人士及有关团体、香港特别行政区同胞、澳门特别行政区同胞、台湾同胞和海外侨胞中的知名人士自愿结成，具有独立法人地位的全国性、联谊性、非营利性社会团体。目前，会员包括祖国大陆29个省、自治区和直辖市的海外联谊会。现任会长为中共中央书记处书记、中央统战部部长尤权。

中华海外联谊会的宗旨是，高举爱国主义旗帜，团结热爱中华民族的海内外同胞，加强联系，增进友谊，促进合作，为统一祖国、振兴中华服务。任务是促进祖国的改革开放和现代化建设，维护港澳的长期稳定繁荣和发展，推进祖国的和平统一，增进中国人民与世界各国人民的友谊。主要承担四个方面工作：一是联络友谊。广泛联系香港特别行政区同胞、澳门特别行政区同胞、台湾同胞和海外侨胞及其团体，增进了解，发展友谊，加强团结；二是促进合作。积极促进祖国大陆社会各界与港澳台同胞和海外华侨华人在经济、科技、文化及教育等方面的交流与合作；三是加强沟通。向香港特别行政区同胞、澳门特别行政区同胞、台湾同胞和海外侨胞介绍祖国大陆的改革开放、经济建设和社会发展等方面的情况，反映各界人士对国家建设、发展以及对实现祖国完全统一的意见和建议；四是提供服务。加强与有关方面的联系与协调，协助政府部门，维护香港特别行政区同胞、澳门特别行政区同胞、台湾同胞和海外侨胞在祖国大陆的合法权益，提供服务，排忧解难。

十四、发挥有关党派团体在港澳台统一战线工作中的作用

统一战线的有关党派团体，在港澳台统一战线工作中具有独特的优势和作用。《中国共产党统一战线工作条例（试行）》明确要求，“支持民主党派和无党派人士，指导相关人民团体以及中国和平统一促进会、海外联谊会等统一战线团体，在港澳台统一战线工作中发挥作用”。

在服务大局方面议政建言。统一战线的党派团体在港澳台朋友多、联系广、信息灵，要支持他们就深入推进“一国两制”在港澳实施、保持港澳长期繁荣稳定、推进两岸关系和平发展、“一带一路”建设等重点课题开展调查研究，形成有分量的理论政策成果。针对港澳人心回归、台湾民心认同等问题，多角度、多层次反映情况，提出意见建议。在事关国家核心利益的重大问题上，在反对“台独”“藏独”“东突”“法轮功”邪教组织势力干扰破坏等问题上，发出正面声音。

在促进交流方面积极作为。支持各民主党派、无党派人士和

有关人民团体，开展形式多样的民间交流，特别是与港澳台基层民众、青少年群体、专业界人士等的交流，深化交流内涵，提升品牌质量和影响。在此基础上，开展与港澳台专业群体、专门领域的对口合作，增强海内外同胞的密切联系。

在争取人心方面增进认同。要创造条件，让民主党派成员和无党派人士现身说法，介绍中国共产党领导的多党合作和政治协商制度的生动实践，争取港澳台同胞对国家政治制度、政党制度和政治发展道路的理解和认同。党派团体所联系的非公有制经济人士、党外知识分子、新的社会阶层人士、归国留学人员等，要在向港澳台拓展事业的同时，宣传展示祖国经济社会发展的成就和前景，深化与港澳台同胞在民生和发展上的交流融合，增强他们对祖国的向心力。

十五、推进反“独”促统活动深入开展

2000 年陈水扁上台执政后，大搞“台独”分裂活动。全球多个国家和地区的爱国友好侨团和海外侨胞，成立了反“独”促统组织，开展海外反“独”促统活动。2000 年 11 月，全球华人反独促统大会在美国华盛顿召开，并发表大会宣言，呼吁台湾当局接受一个中国原则，承认 1992 年两会达成的坚持一个中国原则的共识，明确提出，坚决反对分裂中国国家主权与领土完整，坚决反对中国任何地区的分裂，坚决反对任何政党或领导人勾结外力谋权营私、危害中国统一，坚决反对任何形式的“台独”分裂活动，反对美国军售台湾。

目前，海外侨胞在五大洲 100 多个国家和地区成立了 200 多个统促会及类似组织，在世界多个国家召开反“独”促统大会，

坚定地坚持一个中国的原则，向世界展示了中华民族爱好和平、维护国家主权、捍卫领土完整的决心和意志。要按照《中国共产党统一战线工作条例（试行）》的要求，发挥中华海外联谊会和平统一促进会的作用，引导华侨、归侨和侨眷，推进全球反“独”促统运动深入发展。

第十一章　海外统战工作和侨务工作

一、华侨与华人

华侨是指定居在国外的中国公民，华人是指已经加入或者取得外国国籍的中国血统的人。

中国人民移居国外的历史，源远流长。在唐宋以前，移居国外的华人，没有固定的称谓。从秦朝开始，陆续有中国人移居日本，到南北朝时期，移居日本的人数逐渐增加，日本称他们为秦人。晋朝时期，也称移居国外的人为汉人或侨人。唐宋以后，由于经济文化的发展交流、对外贸易的扩大、交通的发达，移居国外的人数急剧增多，他们多被居住国的人民称为“唐人”，明清时期，仍多称“唐人”“唐山人”。清代有“汉人”“闽粤人”“中华人”等称呼，到清末以后，又有了“华民”“华工”“华商”“华人”等称谓。

“华”与“侨”，就其中一词的含义来说是明确的。“华”是中国的古称，“侨”是寄居、客居之意。中国古代很早就把寄居他乡的人称为“侨人”或“侨士”。随着移居国外人数的激增，“华”“侨”二字就被联系在一起，用来称呼在国外寄居、客居的华人。1878 年，清朝驻美使臣陈兰彬在奏章中就把中国寓居国外的人称为“侨民”。1883 年郑观应在给李鸿章的奏章中使用了

"华侨"一词。1904年，清政府外务部又在一份奏请在海外设置领事馆的折子里提到"在海外设领，经费支出无多，而华侨受益甚大"。从此以后，"华侨"一词普遍成为对寄居海外的中国人的一种专称了。

新中国成立后，中国政府为了妥善地解决历史遗留下来的华侨问题，以利于与各有关国家建立友好睦邻和互相信任的关系，于1955年万隆亚非会议期间，正式宣布不赞同华侨的双重国籍，并与有关国家签订了关于解决华侨双重国籍问题的条约。随着华侨双重国籍问题的解决，关于华侨的概念应该是只能适用于仍然保持中国国籍的中国侨民，已经自愿加入或取得外国国籍的，不能再称为华侨，通常称他们为华人或者为外籍华人，当地化程度更深者被称为"华裔"。

因此，华侨与华人是有着历史的因果联系的，外籍华人是从华侨演变而来。当人们在以他们为研究和描述对象的时候，往往以"华侨华人"为其题名；在某些场合，诸如有持中国籍华侨与持外国籍的华人在一起集会和联欢时，则统一使用"华侨华人"之综合称谓。

目前，我国有6000多万海外侨胞，其中华侨占7.7%，华人占92.3%，分布在全球200多个国家和地区。他们是中国改革开放事业的开拓者、参与者、贡献者，是实现中华民族伟大复兴中国梦的宝贵资源和独特机遇。

二、侨务工作是统一战线工作的重要组成部分

侨务工作是指一定的部门和团体，为了实现党和国家在各个历史时期的战略目标和任务，以华侨、外籍华人和归侨侨眷为主

要工作对象所开展的各项工作的总称。

我们党的侨务工作始于抗日战争时期，与统一战线工作紧密相连。1931 年“九一八”事变，日本帝国主义发动侵华战争，中华民族处于危亡关头。旅居海外的众多华侨虽身处异乡，却始终心系祖国，通过各种形式和途径支持和参与中国抗战。1935 年 8 月，中共中央发表《为抗日救国告全国同胞书》，把海外侨胞作为抗日民族统一战线的重要力量，号召包括“一切关心祖国的侨胞们”在内的全体同胞，“与苏维埃政府和东北各地抗日政府一起组织全中国统一的国防政府；与红军和东北人民革命军及各种反日义勇军一块组织全中国统一的抗日联军”。1936 年，党中央成立了海外工作领导小组，向广大华侨宣传中国共产党的政治主张，动员他们积极参加抗日救国活动。1937 年全面抗战爆发前后，中国共产党即领导成立了广泛的爱国青年抗日救亡组织——中华民族解放先锋队，组织机构遍及国内 30 多个大中城市，同时在法国、日本和东南亚等地建立起相应的组织，有力地推动了包括华侨青年在内的抗日民族统一战线的建立。1938 年 3 月，毛泽东、周恩来在延安会见马来西亚华侨各界抗战后援会代表团时，高度赞扬了广大华侨的抗日爱国运动，题词号召“全体华侨同志应该好好团结起来，援助祖国，战胜日寇”，表示共产党是关心海外侨胞的，愿意与全体侨胞建立抗日统一战线。同年，我党在香港设立了“八路军新四军驻香港办事处”，选派廖承志、连贯等同志积极开展海外华侨的联络工作，支持国内抗战。1940 年 9 月，来自新加坡、英国、法国、美国、印尼、爪哇等国家和地区的 170 余名华侨代表在延安召开了延安华侨第一次代表大会，成立了延安华侨救国联合会，是中国共产党领导和支持建立的第一个归国华侨团体。1941 年底，为进一步加强对海外统战工作的领导，中共中央决定成立海外工作委员会，在广大华侨中开展了卓有成效的工作，还设立了海外工作学习班，抽调部分华侨干部进行培训，派往各侨居地开展华侨统战工作。

1948 年 9 月，中共中央决定将中央城市工作部改为中央统一战线工作部，设立“五室一处”，其中第三室负责华侨等工作。新中国建立后，党的侨务工作揭开了新的篇章。1949 年 10 月，中央人民政府华侨事务委员会成立，管理和开展国内外的侨务工作。

改革开放后，邓小平明确提出“海外关系”是个好东西，海外侨胞是中国大发展的独特机遇，把发挥几千万海外侨胞的作用同我国对外开放的基本国策和把握大发展的机遇紧密联系在一起，为改革开放新的历史条件下拓展侨务工作指明了前进方向。1978 年初，国务院侨务办公室设立，主要协助党中央、国务院领导和管理侨务工作。进入新世纪以来，党和国家始终把促进“海内外同胞关系和谐”作为统战工作的重要目标任务。

2018 年深化党和国家机构改革中，为了加强党对海外统战工作的集中统一领导，国务院侨务办公室并入中央统战部，明确中央统战部统一管理侨务工作，中央统战部对外保留国务院侨务办公室牌子，国务院侨务办公室海外华人华侨社团联谊等职责划归中国侨联行使，从而为新时代侨务工作的开展提供了组织保证。

三、侨务工作的对象与范围

根据《中国共产党统一战线工作条例（试行）》，侨务工作的范围和对象是“华侨、归侨及侨眷”。

华侨是一个严格的法律概念，指定居在国外的中国公民，不是所有在国外生活、工作、学习的中国人都是华侨。主要有三层含义：一是在国籍选择上，华侨必须是保留中国国籍的中国公民，国籍不同是华侨与外籍华人的本质区别。二是必须是定居在国外，香港、澳门和台湾是中国领土，定居上述区域的港澳台同胞是中国公民，不能称为华侨。但如果港澳台同胞移居国外，获得住在国永久居留权，则是华侨。三是按照有关规定，在国外“定居”的具体情况包括，中国公民已取得住在国长期或者永久居留权，并已在住在国连续居留两年，两年内累计居留不少于18个月；中国公民虽未取得住在国长期或者永久居留权，但已取得住在国连续5年（含5年）合法居留资格，5年内在住在国累计居留不少于30个月。需要注意的是，我国留学生（包括公派和自费）在外学习期间，驻外机构工作人员、访问学者、各种临时出国人员、劳务输出人员在外工作期间，以及经常在边境出入的边境居民，这些人并非定居国外，无论他们在国外居留时间长短，都不是华侨。

归侨是指回国定居的华侨。外籍华人经批准恢复或取得中国国籍并依法办理来中国落户手续的，也视为归侨。归侨具有以下法律特征：一是必须曾经是华侨或华人。非华侨华人回国的中国公民不是归侨。二是必须是回国定居。华侨临时或短期回国旅游探亲、讲学交流、经商办厂但没有定居的均不属于归侨。是否回国定居是华侨与归侨的重要区别。

侨眷是指华侨、归侨在国内的眷属。包括：配偶、父母、子女及其配偶，兄弟姐妹，祖父母、外祖父母，孙子女、外孙子女，以及同华侨、归侨有长期抚养关系的其他亲属。外籍华人在华具有中国国籍的眷属（其范围与侨眷相同）视同侨眷。

从实践看，侨务工作的对象涉及外籍华人和华裔。新中国建立后，为处理好与周边国家的关系和有利于华侨在当地社会的生存与发展，从 1955 年开始宣布不承认“双重国籍”，鼓励华侨在自愿的基础上加入住在国国籍，大批华侨成为外籍华人，海外华侨社会转变为华人社会。华裔不是独立的法律概念，是在住在国出生的第二代以上的华人（取得外国国籍）。外籍华人中包括华裔，但不宜用“华裔”指代“华人”。比如杨振宁等华人科学家不宜称其为华裔科学家。这些决定了侨务工作的政治性、政策性很强，要注意厘清华侨、华人、华裔的区别。

四、侨务工作的基本方针

侨务工作的基本方针，主要包括华侨、外籍华人、归侨侨眷的工作方针。

华侨工作的基本方针：保护华侨的正当合法权益，关心和扶持华侨的长期生存和发展，促进华侨团结互助；教育华侨遵守住在国法律，尊重当地社会、民族习俗，并与当地人民和睦相处；尊重华侨自愿加入住在国国籍的意愿，鼓励华侨发扬爱国爱乡优良传统，为促进祖国和住在国的发展以及祖国与住在国的友好合作发挥积极作用。

外籍华人工作的基本方针：关心外籍华人的长期生存和发展，增进外籍华人同我国的亲情乡谊与合作交流，鼓励他们融入当地主流社会，传承民族文化，为住在国的发展以及住在国与我国的友好合作发挥积极作用。

归侨侨眷工作的基本方针：依法保护归侨侨眷的合法权益，适当照顾归侨侨眷的特点，鼓励他们在本职岗位建功立业，积极发挥他们与海外有着广泛联系的优势，为实现中华民族伟大复兴中国梦作贡献。

五、侨务工作的基本原则

开展侨务工作，必须服从服务于党和国家工作大局，服从服务于全方位外交要求，服从服务于大统战工作格局。具体工作中要把握好以下原则：

1. “三有利”的原则。开展侨务工作要有利于海外侨胞的长期生存和发展，有利于发展我国同海外侨胞住在国的友好合作关系，有利于推进我国现代化建设和祖国统一。

2. 区别国籍界限的原则。开展侨务工作既要遵守《中华人民共和国国籍法》，注意外籍华人与华侨的国籍区别，又要尊重外籍华人的族裔感情和他们与祖（籍）国有着千丝万缕联系的实际，增进同他们的亲情乡谊。

3. 公开合法的原则。开展侨务工作要遵循相关的国际条约和国际惯例，符合海外侨胞住在国的法律，做到合情、合理、合法，不授人以柄，不强人所难。

4. 积极稳妥的原则。侨务工作是一项政治性和政策性很强的工作，应当服从和服务于党和国家的工作大局，既要积极进取，又要稳妥慎重，做到因地、因时、因人、因事制宜。

5. “一视同仁、不得歧视，根据特点、适当照顾”的原则。华侨和归侨侨眷是我国公民，但又具有其他公民所没有的一些特点，在国内工作中既要一视同仁，依法保护他们的合法权益，又要根据他们的特点，予以适当照顾。

六、侨务工作的目标任务

2015年，习近平总书记对侨务工作作出重要指示，强调“实现中华民族伟大复兴，需要海内外中华儿女共同努力。把广大海外侨胞和归侨侨眷紧密团结起来，发挥他们在中华民族伟大复兴中的积极作用，是党和国家的一项重要工作”。“希望侨务战线的同志们坚持胸怀全局、坚持为侨服务、坚持改革创新，以凝聚侨心侨力同圆共享中国梦为主题，当好海外侨胞和归侨侨眷的贴心人，成为侨务工作的实干家，最大限度把海外侨胞和归侨侨眷中蕴藏的巨大能量凝聚起来、发挥出来，为实现‘两个一百年’奋斗目标、实现中华民族伟大复兴的中国梦不断作出新的更大的贡献”。

根据习近平总书记的重要指示和《中国共产党统一战线工作条例（试行）》，新时代侨务工作的目标任务，就是深入学习贯彻习近平新时代中国特色社会主义思想，全面贯彻落实党的十九大精神，紧紧围绕统筹推进“五位一体”总体布局和协调推进“四个全面”战略布局，高举爱国主义和社会主义旗帜，充分发挥凝聚侨心、汇集侨智、发挥侨力、维护侨益的独特作用，积极促进海内外同胞关系和谐，努力在海外发展一支宏大的对我友好队伍，最大限度把广大归侨侨眷和海外侨胞团结起来，最大限度把他们爱国爱乡的积极性调动起来，最大限度把他们促进改革开放和社会主义现代化建设的独特优势发挥出来，为夺取全面建成小康社会决胜阶段伟大胜利、实现中华民族伟大复兴中国梦贡献力量。

七、国内侨务工作

侨务工作的基础在国内，必须切实维护好广大归侨侨眷和海外侨胞在国内的合法权益，充分保护和调动他们为国家现代化建设的积极性。

1. 切实发挥独特优势，为经济社会发展服务。树立人才资源是第一资源的观念，把引进海外侨胞中的高层次人才和紧缺人才工作摆到突出的位置，鼓励、支持、引导他们以多种形式回国（来华）创业，关心和解决好海外人才回国发展遇到的问题。进一步完善和落实好相关政策，依法吸引海外华商直接投资，聚焦新侨创新创业扶助，引导侨界群众创新创业，践行创新、协调、绿色、开放、共享发展理念，适应经济发展新常态，为加快转变经济发展方式、推进供给侧结构性改革、推动经济社会持续健康发展献策献力。积极参与“走出去”发展，建立健全与海外和港澳台侨商的联系网络，配合做好中外经贸合作等工作，积极服务“一带一路”建设，促进有比较优势的企业借助海外华商遍布世界的商业网络走出国门，开拓市场，实现国际化发展。

2. 加强侨务法制建设，加大依法护侨工作力度。认真贯彻《中华人民共和国归侨侨眷权益保护法》及其实施办法，加大执法监督检查力度，依法保护归侨侨眷的合法权益。执行国家相关的法律法规、保护海外侨胞在境内的合法权益，特别要维护海外华商在华投资的各项利益。根据形势的发展，不断充实、完善涉侨法律法规和政策。加强涉侨法律法规的普及和宣传，提高有关部门依法行政的意识，维护侨界群众合法权益，引导侨界群众运用法治思维和法治方式维护自身权益、解决问题，努力营造依法护侨的社会氛围。

3. 切实做好归侨侨眷工作，夯实侨务工作的基础。强化对侨界群众的思想政治引领，以爱国主义为核心，广泛开展中国特色社会主义和中国梦宣传教育，积极培育和践行社会主义核心价值观。积极引导广大归侨侨眷立足本职、爱岗敬业，努力在平凡的岗位上建功立业。加强对归侨侨眷特别是新华侨华人眷属联谊服务工作，充分发挥他们在对外联系中的桥梁作用。按照“根据特点、适当照顾”的原则，开展精准扶贫和困难帮扶，实施惠侨助侨行动，切实帮助华侨农场中的困难归（难）侨、城市下岗归侨侨眷职工和城乡贫困归侨侨眷解决工作和生活中遇到的问题。在归侨侨眷聚居的城市，逐步形成依靠社会力量、依托社区开展归侨侨眷工作的新机制。充分考虑华侨农场归侨侨眷的特殊性，把华侨农场的发展纳入地方经济和社会发展的全局统筹考虑、统一安排，让华侨农场归侨侨眷共享改革发展成果。

八、国外侨务工作

侨务工作的重点在海外。国外侨务工作的基本任务是维护华侨的正当合法权益，关心和扶持华侨华人在当地的生存发展，培育和发展一支宏大的对我友好力量。具体要做好以下工作：

1. 加强联谊，突出重点，最广泛地团结海外侨胞。不断深化“请进来、走出去”工作，注重依托亲情乡谊与合作交流，发展同海外侨胞的交往，关注海外侨胞在异国他乡生活、工作、学习面临的困难，加强新华侨华人和华裔新生代的工作，做好香港特别行政区、澳门特别行政区侨界社团和人士的工作，广交新朋友，深交老朋友，努力拓宽工作面。着力做好在政治上有影响、社会上有地位、经济上有实力、专业上有造诣的海外侨胞的工作，充分发挥他们在海外华侨华人社会中的影响力，倡导华侨华人社团改进会务、加强团结、增进合作，建设和谐侨社。引导和支持海外侨胞积极融入当地主流社会，把回馈当地社会作为自身的职责，热心参加当地社区建设，支持住在国慈善事业发展，遵守当地法律，尊重当地风俗，主动承担社会责任，为住在国经济社会发展贡献智慧和力量。

2. 大力开展海外华文教育，努力弘扬中华优秀文化。中华文化是海内外中华儿女共同的“魂”。加大对海外华文教育事业的扶持力度，不断完善各类华文教材，努力提高海外华文师资水平。积极开展多种形式的文化交流活动，将更多富有思想性、艺术性和观赏性的优秀文艺作品奉献给海外侨胞。鼓励华裔青少年来华短期学习或接受学历教育，并根据年轻人的特点，通过举办夏（冬）令营等丰富多彩的活动，使他们了解现代化的中国，感受中华文化的魅力，进一步增强民族自豪感。

3. 加强侨务对台工作，促进祖国和平统一进程。坚定不移地贯彻“和平统一、一国两制”的基本方针，把反对和遏制“台独”分裂势力作为侨务对台工作的首要任务，深入扎实地推动和支持海外侨胞举办各种形式的反“独”促统活动，形成强大声势，坚决遏制“台独”分裂势力在海外的影响。以亲情乡谊与合作交流为媒介，依靠爱国友好社团，广泛联系台湾籍侨团和人士，做好重点亲台社团和人士的团结争取工作，通过岛外影响岛内，争取台湾民心。支持海外侨胞多做推动两岸人员往来和促进两岸经济、文化交流的工作，以消弭隔阂、增进互信。鼓励海外侨胞利用各种渠道向住在国政要、友人和主流媒体介绍我对台湾问题的方针和主张，争取国际社会对我反对“台独”分裂势力、实现祖国和平统一立场的理解和认同，积极营造有利于解决台湾问题的国际环境。

4. 加强领事保护作用，维护海外侨胞的正当合法权益。面对当前错综复杂的国际安全形势，充分利用我国在政治、经济、外交等方面的资源和优势，积极推动驻在国政府营造有利于我侨胞生存发展的良好环境。牢固树立“侨胞利益无小事”的观念，加强对驻在国政治、经济、社会安全形势和司法体系及有关法律法规的调研，建立健全领事保护预警机制和应急机制，提高应对突发事件和复杂局面的能力，重视做好港澳台同胞在海外的领事保护工作，最大限度地维护我侨胞的正当合法权益。

5. 加强侨务对外宣传工作，为营造良好的国际舆论环境服务。服务国家外交工作大局，引导和鼓励海外侨胞自觉传承中华优秀文化，展现文明向上、和谐进步的形象，讲好中国故事，传播好中国声音，践行人类命运共同体的理念，推动中国梦与侨胞个人的梦想、世界各国人民的梦想紧密相连、息息相通。适应海外侨胞的特点和需求，丰富宣传内容和形式，进一步增强对外宣传的吸引力、感召力和说服力。加强海外华文传媒负责人及业务骨干的联谊交友和团结引导工作，多形式、多渠道地发展与他们的交流与合作，积极发展对我友好的海外华文传媒力量。继续办好侨刊乡讯，发挥它们在联络海外乡亲、沟通亲情乡谊中的重要作用。

九、新时代侨务工作的根本遵循

习近平总书记曾在侨务大省福建、浙江及新侨集中地上海工作，对华侨华人有深厚的感情，对侨务工作有深入的思考。党的十八大以后，习近平总书记着眼实现中华民族伟大复兴中国梦，对侨务工作作出一系列重要论述，涵盖了侨务工作的各个方面，为新时代做好侨务工作提供了根本遵循。

1. 海外侨胞在新时代具有重要作用。习近平总书记指出，长期以来，一代又一代海外侨胞秉承中华民族优秀传统，不忘祖国，不忘祖籍，不忘身上流淌的中华民族血液，热情支持中国革命、建设、改革事业，为中华民族发展壮大、促进祖国和平统一大业、增进中国人民同各国人民的友好合作作出了重要贡献；广大海外侨胞有着赤忱的爱国情怀、雄厚的经济实力、丰富的智力资源、广泛的商业人脉，是实现中国梦的重要力量。这些重要论述，为我们认识和把握新时代侨务工作的重要地位和作用提供了根本依据。

2. 凝聚侨心侨力同圆共享中国梦是新时代侨务工作的主题。近代以来，海外侨胞在异国他乡求生存、谋发展，备受国家落后、民族贫困所带来的歧视与侮辱。作为中华民族的一员，他们热切盼望祖（籍）国强盛和中华民族振兴。习近平总书记在会见第七届世界华侨华人社团联谊大会代表时强调，“中国梦是国家梦、民族梦，也是每个中华儿女的梦”。2017 年初，习近平总书记对侨务工作作出重要指示，指出“要以凝聚侨心侨力同圆共享中国梦为主题，最大限度把海外侨胞和归侨侨眷中蕴藏的巨大能量凝聚起来、发挥出来”。要把凝聚侨心侨力同圆共享中国梦这个工作主题，作为新时代侨务工作的中心任务，贯穿于新时代侨务工作始终。

3. “根”“魂”“梦”是新时代侨务工作的主线。海外侨胞长期生活、工作在海外，靠什么来联系凝聚他们？习近平总书记指出，“团结统一的中华民族是海内外中华儿女共同的根，博大精深的中华文化是海内外中华儿女共同的魂，实现中华民族伟大复兴是海内外中华儿女共同的梦。共同的根让我们情深意长，共同的魂让我们心心相印，共同的梦让我们同心同德，我们一定能够共同书写中华民族发展的时代新篇章”。“根”“魂”“梦”是联系凝聚广大海外侨胞的情感之纽带、精神之依托、动力之源泉，是新时代开展侨务工作必须牢牢把握的主线。

4. “三有利”是新时代侨务工作的原则。习近平总书记在福建工作期间就提出，新时期侨务工作要有新的观念、新的思路，这个观念和思路就是在“对投资者有利、对所在国有利、对中国有利”的“三有利”前提下，充分发挥“侨”的优势。党的十八大以来，这一思想原则得到了新的发展，愈发显示出其重大的理论与实践意义。新时代的侨务工作必须深刻把握“三有利”的原则，将其贯彻到侨务工作的各个方面。

5. “大侨务”是新时代侨务工作格局。习近平总书记在福建工作时，经过充分调研和深入思考，提出了“大侨务”的工作观念，指出新时期的侨务工作要打破地域的界限，跳出侨务部门的范围，使之成为党和各级政府的大事，成为全社会共同关心、参与的大事。2016 年，党中央批准了《中国侨联改革方案》。2018 年，党的十九届三中全会通过了《深化党和国家机构改革方案》，对侨务工作作出新部署。以习近平同志为核心的党中央把侨务工作放在党和国家战略全局中来谋划，形成了“大侨务”的工作格局。

6. 推动构建人类命运共同体是新时代侨务工作的重点。华侨华人遍及世界各地，是推动构建人类命运共同体的重要参与者，特别是分布在“一带一路”沿线国家和地区的 4000 多万华侨华人，是当地民众了解中国的重要桥梁。习近平总书记强调，实现中国梦，是海内外中华儿女的共同愿景，也将为世界各国人民带来更多利益和机遇；广大海外侨胞要运用自身优势和条件，积极为住在国同中国各领域交流合作牵线搭桥，更好融入和回馈当地社会，为促进世界和平与发展不断作出新贡献。这些重要论述，为新时代侨务工作拓宽世界视野、展现民间优势、突出工作重点，进一步指明了方向。

7. “贴心人”和“实干家”是新时代侨务干部队伍建设的基本要求。习近平总书记多次对加强侨务干部队伍建设提出要求，希望侨务战线的同志们坚持胸怀全局、坚持为侨服务、坚持改革创新，当好海外侨胞和归侨侨眷的贴心人，成为侨务工作的实干家。当好“贴心人”、成为“实干家”，是好干部标准在侨务工作中的具体化，为新时代侨务干部队伍建设指明了努力方向。

第十二章　加强党外代表人士队伍建设

一、党外代表人士

党外代表人士是与中国共产党团结合作、作出较大贡献、有一定社会影响的人士。主要包括：人大代表、政协委员中的党外人士，在人大、政府及政府工作部门、政协、司法机关、国有企事业单位担任县处级（或相当于县处级）以上职务的党外干部，民主党派各级组织领导班子成员，工商联各级组织领导班子成员中的党外人士，在有关社会团体担任一定职务并发挥较大作用的党外人士。

二、党外代表人士的基本标准

党外代表人士与一般党外人士的区别，就在于他们代表性鲜明，能够起到示范、团结和引领作用。政治坚定、业绩突出、群众认同，是党外代表人士的基本标准，也是加强党外代表人士队伍建设的基本要求。

政治坚定是党外代表人士的根本。巩固中国共产党与党外人士的联盟，推进共同事业，必须以政治坚定为前提。这就要求代表人士具有坚定的政治立场，坚持中国共产党领导，坚定不移走中国特色社会主义道路，积极为祖国统一和中华民族伟大复兴贡献力量。

业绩突出是党外代表人士的前提。代表人士必须在本领域本行业造诣较深，成就突出，贡献较大，才能具有较强的界别认同度和社会影响力。

群众认同是党外代表人士的基础。要在所联系群众中有较高的威信和良好的社会形象，没有群众的认可、信任和拥护，代表人士就是“空军司令”，在社会上就没有感召力，在关键时候就难以发挥引领带动作用。

三、党外代表人士队伍建设的总体要求

党外代表人士队伍建设的指导思想是：高举中国特色社会主义伟大旗帜，以邓小平理论、“三个代表”重要思想、科学发展观、习近平新时代中国特色社会主义思想为指导，围绕“四个全面”战略布局，协调推进“五位一体”的总体布局，坚持德才兼备、以德为先用人标准，以不断增强党外代表人士代表性为重点，以广交深交党外朋友为基础，以加强理论培训和实践锻炼为途径，以提高素质、发挥作用为目标，进一步拓宽视野、整合资源、健全机制、创新方法，着力做好发现、培养、使用、管理工作，努力培养造就一支自觉接受中国共产党领导、坚定不移地走中国特色社会主义道路、具有较强代表性和参政议政能力的党外代表人士队伍。

党外代表人士队伍建设工作政治性、政策性很强，必须坚持和把握正确的原则。主要是：坚持党管干部、党管人才与发扬民

主相统一，坚持进步性与代表性相统一，坚持政治教育与实践锻炼相统一，坚持加强培养与注重使用相统一，坚持组织培养与自我提升相统一，坚持统筹推进与突出重点相统一，坚持发挥骨干作用与发挥群体作用相统一。

四、党外代表人士队伍建设的目标任务

适应新时代坚持和完善社会主义政治制度、巩固和壮大爱国统一战线的要求，着眼贯彻实施《国家中长期人才发展规划纲要（2010—2020 年）》，努力建设一支数量充足、结构合理、素质优良、作用突出的自觉接受中国共产党领导、坚定不移地走中国特色社会主义道路、具有较强代表性和参政议政能力的党外代表人士队伍。

1. 总量适度增长。要培养数以百计具有广泛社会影响力、在各自领域发挥重要作用的高层次党外代表人士，数以千计具有较大社会影响力、在各自领域取得较高成就的党外代表人士，数以万计具有一定社会影响力和较好业绩的党外代表人士。

2. 结构逐步优化。改善年龄结构，培养选拔一大批年富力强的党外代表人士队伍；改善层次结构，提高高层次党外代表人士的比例；改善界别结构，适当增加新的社会阶层人才的比例；改善专业结构，加大人文和社会科学领域党外代表人士的比重，形成党外代表人士层次合理、分布均衡、衔接有序的人才梯队。

3. 素质不断增强。以提高思想政治素质为培养工作的核心，把能力培养、综合素质提升贯穿全过程，不断提高政治把握能力、参政议政能力、组织领导能力、合作共事能力、解决自身问题能力，更加适应建设中国特色社会主义事业的需要。

4. 作用更加突出。充分发挥他们在国家事务和社会事务中的政治参与作用、在优化决策中的议政建言作用、在所联系成员和群众中的示范带动作用，共同推动高质量发展、促进社会和谐，实现中华民族伟大复兴中国梦。

五、培养使用党外代表人士是党的基本政策

培养使用党外代表人士，重视发挥他们在国家政治社会生活中的作用，是我们党长期坚持的一项基本方针。1941 年，毛泽东在陕甘宁边区参议会的演讲中说，“国事是国家的公事，不是一党一派的私事。因此，共产党员只有对党外人士实行民主合作的义务，而无排斥别人，垄断一切的权利”。强调“共产党这个同党外人士实行民主合作的原则，是固定不移的，是永远不变的”。为此，在陕甘宁边区等抗日根据地普遍建立了“三三制”政权，即在政权中的人员分配上，共产党员占三分之一，非党的左派分子占三分之一，不左不右的中间分子占三分之一。时任米脂县参议会议长、陕甘宁边区参议员、边区政府副主席的李鼎铭先生，就是党外人士的杰出代表。

新中国成立时，中国人民政治协商会议、中央人民政府、政务院及所属部委等，大量吸收党外代表人士参加人民政权，新中国成立后在全国各地普遍实行。改革开放后，培养使用党外代表人士工作不断制度化、规范化。中共中央制定的关于统一战线和多党合作的有关文件，都对培养使用党外代表人士提出要求。2012 年 2 月，第一次以中共中央名义颁发了《关于加强党外代表人士队伍建设的意见》。2015 年 5 月颁发的首部《中国共产党统一战线工作条例（试行）》，以党内法规的形式对党外代表人

士的发现、培养、使用、管理等作出明确规定。从而使培养使用党外代表人士，成为我国社会主义民主政治的鲜明特色和独特优势。

实践证明，培养使用党外代表人士不是权宜之计，而是必须坚持的基本政策和制度安排，不是一般的业务工作，而是关系我国政治制度特点和优势发挥的战略任务。

六、开阔视野及早发现人才

物色培养更多的优秀党外代表人士，是统一战线服务“五位一体”总体布局和“四个全面”战略布局的现实需要，是统一战线和多党合作事业可持续发展的必然要求，也是“择天下英才而用之”的重要前提。但在实际工作中，仍然存在对统战工作社会化趋势认识不足，不善于做“体制外”人才的发展培养工作，特别是对“两新”组织中的党外知识分子和专业人士，归国留学人员，新媒体从业人员等，还没有完全纳入物色选人的工作视野，需要采取切实措施解决。

发现是选人用人的第一道关口。要开阔选人视野，创新工作载体，延伸工作手臂，多渠道推荐、多层次遴选，加强与相关部门、党派组织、有关团体的人才信息交流，探索突破区域、部门、行业、所有制限制的选人方式，构建全方位、多层次、开放式的党外人才发现推荐网络。重视发挥高等学校、科研院所的重要源头作用，注意从国家机关、国有企事业单位物色党外后备人才，努力从新的社会阶层、社会组织、海外留学归国人员等领域发现党外代表人士，积极从“体制外”发现具有潜质和可塑性的优秀党外人才，实现选人视野的宽领域、全覆盖。

七、坚持理论培训和实践锻炼相结合

党外代表人士必须具备的能力素质和在国家政治社会生活中的作用发挥，决定了党外代表人士的培养必须按照习近平总书记的要求，“坚持理论培训和实践锻炼相结合”。

理论培训主要是坚定理想信念，增进政治认同，全面打牢中国特色社会主义共同思想政治基础。要坚持政治培训为主，在政治培养上下足功夫，引导党外代表人士自觉学习中国特色社会主义理论，自觉践行社会主义核心价值观，自觉弘扬中华传统美德，努力做政治上的“明白人”。

实践锻炼主要是丰富经历阅历，提高能力素质，弥补党外干部行政管理和组织领导能力的短板。要加大实践锻炼的力度，将党外干部纳入党政领导干部交流总体安排，推动考察调研、社会服务、挂职锻炼等实践锻炼形式进一步制度化和规范化，探索建立多层次、多领域、多形式的党外代表人士实践锻炼基地，形成多种方式有机结合、互为补充的党外代表人士实践锻炼格局，使他们在投身中国特色社会主义事业伟大实践中积累行政工作经验，提高综合素质能力。

八、发挥社会主义学院主阵地作用

社会主义学院是中国共产党领导的统一战线性质的政治学院，是民主党派和无党派人士的联合党校，是统一战线人才教育培养的主阵地，是开展党的统一战线工作的重要部门，是党和国家干部教育培训体系的重要组成部分。在党外代表人士教育培训中，要发挥社会主义学院的主阵地作用。

1. 突出政治培训，强化政治共识，巩固团结奋斗的共同思想政治基础。坚持社会主义办学方向，坚守党的意识形态阵地，把好政治关，确保统一战线各领域代表人士深刻理解习近平新时代中国特色社会主义思想，自觉接受中国共产党的领导，牢固树立“四个意识”，坚定“四个自信”，切实增强政治把握能力、参政议政能力、组织领导能力、合作共事能力和解决自身问题能力。

2. 坚持“联合办学”的工作方针，把民主党派、无党派人士和其他领域党外代表人士作为教育培训的主体。成立由党委统战部门、各民主党派、工商联及有关部门负责人和无党派代表人士组成的院务咨询委员会，对办学中的重大问题进行咨询和协商。

3. 了解学员思想动态，开展政策宣传，征求意见建议，做好联谊交友。加强与本级党委统战部门、学员派出单位的沟通联系，及时反馈学员学习情况，共同做好学员的教育管理工作。

4. 加强学科建设，打造统一战线、多党合作、中华文化等特色学科。面向民族、宗教界等人士开展中华文化教育培训，增进国家认同、民族认同。面向港澳台同胞和海外侨胞开展国情教育和中华文化研修，增强国家意识和爱国精神，争取台湾民心认同，促进海外侨心凝聚。

5. 把教学工作作为中心工作，建设一支政治坚定、师德高尚、业务精湛、作风过硬、充满活力的专职教师队伍。加强同相关部门、各民主党派和工商联组织、高等学校、科研院所以及国内外学术机构的合作，联合培育人才。建立统一战线智库，开展统一战线重大理论和实践问题研究。

同时，重视发挥党校、行政学院、干部学院的作用，合理利用高等学校等培训资源及境外培训资源，切实提高培训质量和水平。

九、党外代表人士安排使用的基本政策

根据中共中央有关文件和《中国共产党统一战线工作条例（试行）》精神，党外代表人士安排使用的基本政策主要是：

1. 党外代表人士在各级人大代表、人大常委会委员和人大专门委员会主任委员、副主任委员及委员中应当占有适当比例。全国人大常委会副委员长、县级以上地方各级人大常委会副主任中应当有适当数量的党外代表人士。全国和省级人大常委会中应当有民主党派成员或者无党派人士担任专职副秘书长。

2. 省、市两级地方政府领导班子应当配备党外干部。县级从实际出发，做好政府领导班子配备党外干部工作。各级政府部门除有特殊要求外，均可以积极配备党外干部担任领导职务，重点在行政执法监督、与群众利益密切相关、紧密联系知识分子和专业技术性强的部门配备。符合条件的党外干部可以担任政府部门（单位）行政正职。各省（自治区、直辖市）在政府组成部门中应当配备2名左右党外正职。

3. 党外代表人士在各级政协中应当占有较大比例，在换届时委员不少于60%，常委不少于65%；在各级政协领导班子中副主席不少于50%（不包括民族自治地方）。全国政协和省级政协应当有民主党派成员或者无党派人士担任专职副秘书长。政协各专门委员会主任、副主任及委员中的党外代表人士应当占有适当比例。

4. 各级人民法院、人民检察院领导班子中应当配备党外干部。高等学校领导班子中一般应当配备党外干部，符合条件的党外干部可以担任行政正职。加大在人民团体、科研院所、国有企业领导班子中选配党外干部的力度。文史研究馆馆员应当以党外代表人士为主体，参事室中共产党员参事不超过30%。参事室、文史研究馆领导班子中应当配备党外代表人士。聘请党外代表人士担任司法机关和政府部门特约人员。举荐党外代表人士在有关社会团体任职。

5. 符合条件的省级民主党派主委、工商联主席和无党派代表人士一般应当进入同级人大常委会、政府、政协领导班子。除特殊情况外，人大常委会、政协领导班子中的党外代表人士应当与担任同级职务的党内干部享受同等待遇。

6. 各级人大代表候选人和各级政协委员中应当有适当数量的非公有制经济人士。非公有制企业主要出资人并以经营管理为主要职业的，在推荐安排中应当界定为非公有制经济人士。推荐为人大代表候选人、政协委员以及在工商联等人民团体、社会组织中任职的非公有制经济人士，应当经综合评价，并征求企业党组织、非公有制企业党建工作机构和地方工会组织的意见。

十、加强对党外代表人士的管理

加强党外代表人士管理，是贯彻“党管干部、党管人才”原则的必然要求，有利于全方位、多角度掌握他们的德才表现和履职等情况；有利于促进他们提高综合素质、更好地彰显多党合作制度的功能优势；有利于他们增强组织纪律观念、沿着正确方向健康成长。

加强党外代表人士的管理，主要是政治思想管理。重点了解掌握党外代表人士的政治表现、思想状况、履行职责和廉洁自律情况，特别是在重大原则问题上的政治立场和态度，帮助党外代表人士坚定政治共识，增强大局意识、责任意识和自律意识，树立良好的社会形象。

党外代表人士管理要坚持平等相待、自觉自为，沟通协商，正面引导。发扬统一战线自我教育、自我管理的优良传统，通过联谊交友、谈心谈话等方式，将外在的监督管理内化为自觉自律。

党外代表人士管理涉及方方面面，必须明确管理责任。统战部门负责牵头协调党外代表人士管理工作。党委有关部门、人大和政协党组、党外代表人士所在单位党组织，应当各负其责，加强日常管理考核。发挥党外代表人士所在党派和团体自我管理、自我教育、自我监督的作用。

十一、有意识把一部分优秀人才留在党外

习近平总书记在2015年中央统战工作会议讲话中强调，“要有意识把一部分优秀人才留在党外，为培养一批同我们党亲密合作、可堪重用的党外代表人士涵养水源”。把一部分优秀人才留在党外，是多党合作的一项重要政策，是巩固多党合作政治格局、提高合作共事整体水平的必然要求；是合理配置政治资源、巩固党的执政基础和群众基础的必然要求；是夯实共同思想政治基础、推进中国特色社会主义事业的必然要求。

新中国成立初期，中共中央就提出协助民主党派发展组织，对于有些已够加入中国共产党条件的有代表性的民主人士，一般

不要吸收他们入党。改革开放后，随着科教兴国、人才强国战略的实施，各方面优秀人才集聚到党和国家事业中来，民主党派在高校、科研院所和政权机关的发展渠道变窄。为此，中共中央1980年作出《关于在民主党派负责人、无党派上层爱国人士中发展共产党员问题的规定》，提出注意鼓励一部分人留在党外进行工作。1996年，中央统战部、中央组织部联合下发的有关文件中提出，要有意识地把一部分优秀知识分子保留在党外，帮助民主党派物色和培养一批新的代表人物和领导骨干。

贯彻落实好把一部分优秀人才留在党外的政策，关键是提高思想认识，抓好源头合理分流。要深刻认识多党合作的整体水平和制度效能，在很大程度上取决于民主党派的人才素质和自身建设水平的提高。在加强高校和科研院所党建工作的同时，要有意识地将一批优秀教师和科研人员留在党外培养。对新社会阶层人士和留学归国人员，要研究进入体制内单位的政策，有针对性地物色培养一批优秀党外代表人士。对一些申请入党的党外代表人士，要耐心细致地做好解释工作。

十二、搞好党同党外代表人士的合作共事

党同党外代表人士的合作共事，是我们党固定不移的政策原则，是人民政权的内在要求，也是我国社会主义民主政治的鲜明特色和独特优势。

党同党外代表人士在政府和司法机关的合作共事，要坚持集体领导与个人分工负责相结合，保证党外干部对分管工作享有行政管理的指挥权、处理问题的决定权和人事任免的建议权。党外干部既要积极参与集体领导，又要按照分工独立负责地做好工

作，切实做到有位、有权、有责、有为，把履行参政议政、民主监督职能，更好地体现到参与管理国家政治和社会事务中来。

要支持党外人大代表依法行使职权，支持党外政协委员履行职责，认真办理党外人大代表、政协委员提出的议案、建议和提案，充分发挥党外代表人士在人大和政协中的作用。

要正确处理政府、司法机关、国有企事业单位党组（党委）与党外领导干部的关系。党外领导干部要自觉执行党组（党委）的决策，党组（党委）会议一般要邀请领导班子中的党外干部列席。

十三、加强党外代表人士后备队伍建设

建设一支素质优良、结构合理、数量充足的党外代表人士及其后备队伍，直接关系到党与党外人士合作的水平，关系到中国共产党领导的多党合作和政治协商制度的坚持、发展和完善，关系到统一战线的持续发展。要把党外代表人士后备队伍建设纳入人才和干部队伍建设的总体规划，统筹安排。

要充分考虑党外干部的特点，通过多种形式和途径，广泛推荐党外后备干部人选。对那些在公开选拔中暂时不能提拔使用、符合后备干部条件的党外优秀年轻干部，可按规定程序列入相应的后备干部名单。

要把党外后备干部的培养选拔工作，与支持民主党派加强自身建设有机结合起来，及时发现和培养民主党派、无党派人士中新产生的代表人物和领导骨干，把其中符合条件的纳入党外后备干部名单。

要认真研究和把握党外干部的成长规律，立足当前，着眼长

远，按照缺什么补什么的原则，有针对性地制订培养计划，明确培养目标，落实培养措施，全面提高党外后备干部的素质。

要坚持备用结合，实行动态管理，努力形成合理的结构和年龄梯次，以保证党同党外人士合作共事的连续性、稳定性，防止出现“断层”。党外领导干部一般应从党外后备干部中选拔。

十四、党外代表人士工作的重点和关键

习近平总书记在中央统战工作会议讲话中鲜明提出，“党外代表人士工作的重点是科学使用、发挥作用，关键是加强培养、提高素质”。这是对我们党选拔使用党外代表人士历史经验的科学总结，是对新一代党外干部成长和选拔使用基本规律的深刻揭示，也是新时代党外代表人士培养选拔使用工作必须遵循的基本原则。

党外代表人士的成长，关键在培养。新时代的党外代表人士是新一代党外代表人士，其生存环境、成长方式、作用发挥等，既不同于党内干部，也不同于老一辈党外代表人士。他们的成长，既符合人才成长的一般规律，又有其自身规律。老一辈是在革命斗争的大浪淘沙中锻炼成长的，是个人奋斗与社会机遇的结合，是在社会实践和革命斗争成就的；新一代则是在自身努力的基础上，靠执政党和参政党有组织有计划有重点地培养，是个人努力与组织培养的结合，一般须经历崭露头角、纳入视野、培养提高、推荐使用、日趋成熟等过程。这是新一代党外代表人士成长发展的鲜明特点和基本规律。离开了执政党和参政党的培养，党外代表人士推荐使用，就成了无源之水，无本之木。

党外代表人士的作用发挥，关键是使用。“贤者之有才，用

之而后见”。只有在使用中，人才和培养的价值才能真正体现出来。这就需要在党外代表人士培养成才后，科学使用、发挥作用。科学使用，就是既要对具备条件的素质好、有专长的党外代表人士，积极、及时推荐使用，防止人才资源浪费和贬值，又要量才使用、用其所长。特别是要让他们在履职中发挥作用，支持他们的工作，发挥他们的专长，使他们对分管工作享有行政管理的指挥权、处理问题的决定权和人事任免的建议权，切实做到有职有权有责有为，把我国政党制度、政治制度的优势充分发挥出来。

十五、建立健全组织部、统战部协作配合机制

选拔使用党外干部，需要党委组织部门、统战部门密切协调配合，共同努力推进。《中国共产党统一战线工作条例（试行）》明确要求，“组织部门、统战部门应当建立健全协作配合机制”。

选拔使用党外干部，统战部担负着重要职责。周恩来曾经指出：“统战部既是党委的参谋部，又是政治部，又是组织部，又是办事机关。对非党干部的安排，应听统战部的意见。”新中国成立以来，党中央赋予中央统战部的重要职能之一就是“安排人事”。统战部要发挥联系、熟悉党外人士的优势，认真做好党外代表人士的物色、培养、推荐、管理工作，对统一战线各领域、各方面的党外代表人士，统筹考虑，科学规划，合理推荐使用，与组织部加强沟通，使党外干部选拔使用与党政领导干部选拔使用有机衔接、整体推进。

组织部是党政领导干部选拔使用的职能部门。各级党委统战部要主动与组织部加强沟通协调，进一步明确党外人选动议、考

察、任用等环节的程序和规则，在党委统一领导下，共同做好党外代表人士的培养选拔使用工作。在动议和讨论决定党外干部的任免、调动、交流前，组织部门应当征求统战部门的意见。

长期以来，组织部、统战部在党外干部培养选拔工作中，互相配合、协同推进，积累了许多成功做法和好的经验，要进一步总结完善，努力形成在党委统一领导下，共同制定规划、共同物色选拔、共同培养教育、共同考察人选、共同向党委推荐、共同督促考核的协作配合机制。要各司其职、通力协作，进一步明确在党外代表人士发现、培养、使用、管理上的工作职责，发挥各自优势，形成整体合力。要坚持和完善定期沟通协商制度，对党外干部的培养计划、岗位需求、选拔使用情况共同研究谋划，及时就党外干部安排使用中的具体问题进行沟通协商。要把党外代表人士队伍建设纳入干部和人才队伍建设总体规划，按照多于可配备职数的要求，建立统一的党外后备干部名单。对两部门聚焦的重点人选，要提前安排到必要岗位进行锻炼培养。

十六、参事室和文史馆

参事室是同级人民政府的直属机构，是具有统战性、咨询性的工作部门。参事室在同级人民政府秘书长领导下进行工作，在统战政策的贯彻和参事人事安排上，接受同级党委统战部的指导。自 1949 年 11 月政务院设置参事室后，各省、自治区、直辖市及部分省辖市的人民政府也相继设立了参事室。参事主要从民主党派和无党派人士中遴选有代表性、有社会影响、有参政议政能力的各方面专家担任，中共党员参事不超过 30%。参事是国家干部，由同级政府领导聘任。参事室的基本任务是：组织参事提高政治思想水平，学习党和国家的路线、方针、政策，并在工作中贯彻执行；组织参事对政府工作的某些方针、政策及计划实施情况进行调查研究，提出意见和建议，向各级政府及有关部门反映；组织参事对有关部门送来和各级政府交办的某些法律和行政法规草案进行研究，提出意见；贯彻执行中国共产党的统一战线政策，支持参事参加爱国统一战线工作；支持参事撰写文史资料；为参事提供必要的工作条件，做好生活服务；承办各级政府交办的事项。

文史馆是政府领导下的具有统战性、荣誉性的文史研究事业单位。1951 年中央人民政府决定设置中央和各省、自治区、直辖市文史研究馆。文史馆的主要职责是，团结和安排有文史专长并有名望的老年知识分子开展适当的文史研究活动；参加中国共产党领导的爱国统一战线工作。一般不承担规定性的学术研究任务。馆员主要从民主党派成员和无党派人士中聘任，个别在文史界知名度高、影响大，熟悉统战工作的中共党员也可以聘任，但要从严掌握，其人数最多不得超过馆员人数的 10%。新聘馆员的年龄一般应为 60 岁左右，除个别学术造诣高深、享有盛名的人士外，最高年龄不应超过 75 岁。馆员系荣誉称号，不实行任期制，对个别丧失馆员条件的，应及时予以解聘。文史馆由同级人民政府领导，在馆员的安排和统战政策的贯彻方面，接受同级党委统战部的指导。馆员需经党委统战部审定后，由人民政府办公厅发给聘书。

第十三章　中国人民政治协商会议

一、人民政协的由来

人民政协是指 1949 年新中国成立前召开和确立、1954 年人民代表大会制度建立后继续存在和发展的中国人民政治协商会议。人民政协是中国共产党把马克思列宁主义统一战线理论、政党理论、民主政治理论同中国实际相结合的伟大成果，是中国共产党领导各民主党派、无党派人士、人民团体和各族各界人士在政治制度上进行的伟大创造。

早在国民党统治的 1946 年，经过中国共产党联合各民主党派和无党派人士与蒋介石国民党进行斗争，于 1 月 10 日在重庆召开了由国民党、共产党、中国民主同盟、青年党和社会贤达参加的政治协商会议，并就政府组织、国民大会、和平建国、军事问题、宪法草案等签署了五项协议。虽然协议很快就被蒋介石发动全面内战撕毁了，但作为各政党协商国是的民主形式，在中国政治发展中留下不可磨灭的印象。

1948 年 4 月 30 日，在人民解放战争即将取得决定性胜利前夕，中共中央发布具有历史意义的“五一口号”，号召“各民主党派、各人民团体及社会贤达，迅速召开政治协商会议，讨论并实现召集人民代表大会，成立民主联合政府”。各民主党派、无党派人士积极响应，纷纷从国统区来到解放区，与中国共产党共同筹备召开新政协。1946 年 9 月 21 日，中国人民政治协商会议第一次全体会议召开，通过了《中国人民政治协商会议共同纲领》《中华人民共和国中央人民政府组织法》《中国人民政治协商会议组织法》三部历史性文件，还通过了关于国旗、国歌、国都、纪年等 17 项决议，选举产生了中央人民政府，建立了新中国。

1954 年 9 月，全国人民代表大会制度建立后，面对政协还要不要继续存在的问题，毛泽东明确回答说，各党派、各民族、各团体的领导人物一起来协商新中国的大事非常重要。人民代表大会的代表性当然很大，但它不能包括所有的方面，所以政协仍有存在的必要。并提出了人民政协的五大任务。从此，人民政协作为统一战线组织和中国人民的政治协商机关在我国政治生活中长期稳定地发挥作用，成为我国政治制度的重要组成部分。

二、人民政协的性质和特点

人民政协的性质定位经历了一个不断明确、坚持和深化的过程。1949 年，《中国人民政治协商会议共同纲领》规定，“由中国共产党、各民主党派、各人民团体、各地区、人民解放军、各少数民族、国外华侨及其他爱国民主分子的代表们所组成的中国人民政治协商会议，就是人民民主统一战线的组织形式”。1954 年人民代表大会制度建立后，针对一些人提出把人民政协作为国家权力机关或半权力机关，毛泽东明确指出，“不能把它搞成国家机关，如果那样就成了二元论了，就重复了、分散了，民主集中制就讲不通了”。据此，首部《中国人民政治协商会议章程》

规定，“中国人民政治协商会议，作为团结全国各民族、各民主阶级、各民主党派、各人民团体、海外华侨和其他爱国民主人士的人民民主统一战线的组织，仍然需要存在”。

改革开放后，为充分发挥人民政协的作用，围绕修改宪法和政协章程，在对政协的性质、职能等进行研究和讨论中，又出现了改变政协性质和作用主张。对此，邓小平两次作出重要批示，指出：“不要把政协搞成一个权力机构。政协可以讨论，提出批评和建议，但无权对政府进行质询和监督。它不同于人大，此点请注意。”1994 年全国政协八届二次会议通过了《中国人民政治协商会议章程修正案》，对人民政协的性质作了进一步的充实与概括，明确规定：“中国人民政治协商会议是中国人民爱国统一战线的组织，是中国共产党领导的多党合作和政治协商的重要机构。”2004 年《中国人民政治协商会议章程修正案》对人民政协的性质又作了丰富，明确“中国人民政治协商会议是中国人民爱国统一战线的组织，是中国共产党领导的多党合作和政治协商的重要机构，是我国政治生活中发扬社会主义民主的重要形式”。

2014 年 9 月，习近平总书记在庆祝中国人民政治协商会议成立 65 周年大会讲话中指出，人民政协是“适合中国国情、具有鲜明中国特色的制度安排”，“是国家治理体系的重要组成部分”，进一步深化了对政协性质定位的认识。2018 年 3 月，全国政协十三届一次会议通过的《中国人民政治协商会议章程修正案》，将人民政协的性质规范为：“中国人民政治协商会议是中国人民爱国统一战线的组织，是中国共产党领导的多党合作和政治协商的重要机构，是我国政治生活中发扬社会主义民主的重要形式，是国家治理体系的重要组成部分，是具有中国特色的制度安排。”

广泛代表性、党派合作性和民主协商性是人民政协的三个基本特点。广泛代表性是指，人民政协作为中国人民爱国统一战线组织，其组织上具有广泛的代表性，政治上具有巨大的包容性。当前，人民政协的参加单位包括中国共产党和八个民主党派、无党派代表人士，工会、共青团、妇联、工商联、侨联、台联、科协等各主要人民团体以及我国56个民族的代表、港澳台同胞等34个界别的2000多名代表人士，汇集了新时代爱国统一战线各方面的成员，充分体现了全体中华儿女的大团结、大联合。党派合作性是指，人民政协作为具有广泛代表性的统一战线组织，主体是各民主党派和各人民团体。人民政协是我国唯一所有合法政党参加的，并以本党名义在其中活动的多党合作的重要机构。人民政协是党派性与合作性的统一，贯彻“长期共存、互相监督、肝胆相照、荣辱与共”的基本方针，具有长期性和稳定性，是人民政协存在和发展的重要依据。民主协商性是指，人民政协作为各党派、各团体、各民族、各阶层大团结大联合的组织，是社会各方面人士协商议事的专门机构。民主协商贯穿于人民政协一切工作中，是人民政协的基本议事原则，协商中发表的各种意见不具有行政和法律约束力，它主要以意见和建议的正确性、建设性、实用性，对党和政府的正确决策产生积极影响。

三、人民政协的两大主题

1999年，江泽民在人民政协成立50周年庆祝大会讲话中首次明确提出，“在中国共产党领导下实行团结和民主，是人民政协性质的集中体现，是人民政协产生和发展的历史根据，是人民政协继往开来的方向和使命”。2004 年 3 月，全国政协十届二次会议审议通过了《关于中国人民政治协商会议章程修正案的决议》，第一次把“团结和民主是中国人民政治协商会议的两大主题”写入人民政协的章程。2005 年，《中共中央关于加强人民政协工作的意见》将“坚持团结和民主两大主题”作为人民政协工作必须遵循的一条原则。2014 年，习近平总书记在庆祝中国人民政治协商会议成立 65 周年大会讲话中进一步指出，要“围绕团结和民主两大主题，推进政治协商、民主监督、参政议政制度建设”。

团结是人民政协的本质和象征，贯穿于人民政协履行职能的各项工作之中。坚持团结这个主题，就是要把团结始终作为政协工作的主线，贯彻到政协各项工作之中，适应经济社会发展，不断汲取新力量、扩大团结面，实现最广泛的大团结大联合，最大限度地尊重和包容不同，最大限度地凝聚社会各方面成员的政治共识，最大努力地化消极因素为积极因素，为党和人民事业发展最广泛地凝聚智慧和力量。

民主是政协性质的体现，是政协履行职能的内在要求，是政协各项工作的灵魂。坚持民主这个主题，就是要把人民政协作为我国发扬社会主义民主的重要形式，组织好各种协商会议，开展好经常性活动，认真处理建议案、委员提案及群众信访，把民主精神贯彻到政协一切工作之中，更加有效地促进科学民主决策，增强政协活力。

团结和民主两大主题，彼此联系、相得益彰。实现紧密团结，发展民主才更有基础；发扬广泛民主，加强团结才更有力量。要以坚强的团结保证民主健康有序，以充分的民主保证团结坚实有力，使人民政协事业永保蓬勃生机。

四、人民政协的主要职能

人民政协的主要职能是政治协商、民主监督、参政议政。要围绕团结和民主两大主题履行职能，把加强团结和发扬民主贯穿于政协工作的各个方面，推进政治协商、民主监督、参政议政的制度化、规范化和程序化。

政治协商是对国家大政方针和地方的重要举措以及经济建设、政治建设、文化建设、社会建设、生态文明建设中的重要问题，在决策之前和决策实施之中进行协商。主要形式有：政协全体会议，常务委员会会议，主席会议，常务委员专题协商会，政协党组受党委委托召开的座谈会，秘书长会议，各专门委员会会议，根据需要召开由政协各组成单位和各界代表人士参加的内部协商会议。主要程序是：党委根据年度工作重点或政协党组提出的建议，研究并确定在政协协商的议题；政协党组根据党委的统一部署，按照政协章程和有关规定安排协商活动；党委和政府及有关部门负责人就相关问题通报情况、听取意见；政协要及时整理并报送参加会议的各党派团体和各族各界人士提出的意见和建议；党委和政府及有关部门对政协报送的意见和建议要认真研究处理，并及时反馈处理情况。在政治协商中，人民政协是协商的重要平台，而不是协商主体，是“在”政协协商，而不是“和”政协协商。

民主监督是对国家宪法、法律和法规的实施，重大方针政策、重大改革举措、重要决策部署的贯彻执行情况，涉及人民群众切身利益的实际问题解决落实情况，国家机关及其工作人员的工作等，通过提出意见、批评、建议的方式进行的协商式监督。主要形式有：政协全体会议、常委会议、主席会议向党委和政府提出建议案；各专门委员会提出建议或有关报告；委员视察、委员提案、委员举报、大会发言、反映社情民意或以其他形式提出批评和建议；参加党委和政府有关部门组织的调查和检查活动；政协委员应邀担任司法机关和政府部门特约监督人员；等等。人民政协的民主监督是我国社会主义监督体系的重要组成部分，是参加人民政协的各党派团体和各族各界人士通过政协组织对国家机关及其工作人员的工作进行的监督，也是中国共产党在政协中与各民主党派和无党派人士之间进行的互相监督。

参政议政是对政治、经济、文化、社会生活和生态环境等方面的重要问题以及人民群众普遍关心的问题，开展调查研究，反映社情民意，进行协商讨论。通过调研报告、提案、建议案或其他形式，向中国共产党和国家机关提出意见和建议。人民政协的参政议政是人民政协履行职能的重要形式，也是党政领导机关经常听取参加人民政协的各民主党派、人民团体和各族各界人士的意见和建议、切实做好工作的有效方式。

在中国特色社会主义新时代，在协商中促进广泛团结、推进多党合作、实践人民民主，既秉承历史传统，又反映时代特征，是新时代赋予人民政协职能定位的新内涵。要发挥好人民政协专门协商机构作用，把协商民主贯穿履行职能全过程，坚持发扬民主和增进团结相互贯通、建言资政和凝聚共识双向发力，积极围绕贯彻落实党和国家重要决策部署情况开展民主监督。

五、人民政协的界别

界别是参加人民政协的各个党派、人民团体、各民族和各界人士在人民政协组织中的具体划分形式，也是政协会议的组织形式，反映了爱国统一战线的各个组成部分。其设置是适应经济社会的发展逐步调整和完善的。

1949 年 6 月，新政治协商会议筹备会第一次全体会议在北平召开，会议通过了《关于参加新政治协商会议的单位及其代表名额的规定》，确定参加第一届政协的单位有 45 个，包括各民主党派、人民团体、无党派人士，代表中有工人、农民、人民解放军、妇女、青年、学生、文艺界、新闻界、工商界、自然科学界等。新中国成立后，针对人民代表大会制实行后统一战线的组织问题，中共中央于 1953 年召开了全国统战工作会议，并批准下发了《全国统战工作会议关于人民代表大会制实行后统一战线组织问题的意见》，明确“参加全国统一战线组织的单位，大体可分为下列几类：一、党派：中国共产党、中国国民党革命委员会、中国民主同盟、中国民主建国会、无党派民主人士、中国新民主主义青年团、中国民主促进会、中国农工民主党、九三学社、中国致公党、台湾民主自治同盟。二、人民团体：中华全国总工会、中华全国民主妇女联合会、中华全国民主青年联合会、中华全国合作社联合总社、中华全国工商业联合会、中国人民救济总会、中国伊斯兰教协会、中国佛教协会、基督教革新筹备委员会等。三、农民。四、少数民族。五、教育界（大、中、小学）、文艺界、自然科学界、新闻出版界、社会科学界、自由职业界、医务界、体育界。六、华侨。七、特邀”。

1954 年，中国人民政治协商会议第二届全国委员会的参加单位发生了变化，区域代表、军队代表由于已经参加人大，不再作为政协的参加单位，中国人民政协全国委员会改由党派、团体、界别、特邀四个方面组成。即由中共、民革、民盟、民建、无党派、民进、农工、致公、九三、台盟、青年团、工会、农民、妇联、青联、合作社、工商联、文联、自然科学团体、社会科学团体、教育界、新闻出版界、医药卫生界、对外和平友好团体、社会救济福利团体、少数民族、华侨、宗教界共 28 个单位和特别邀请人士组成。此后各届全国委员会的界别设置略有变化，主要是根据我国经济社会发展和统一战线发展而取消、调整、新设。

目前，全国政协由 34 个界别组成，包括中国共产党、中国国民党革命委员会、中国民主同盟、中国民主建国会、中国民主促进会、中国农工民主党、中国致公党、九三学社、台湾民主自治同盟、无党派人士、中国共产主义青年团、中华全国总工会、中华全国妇女联合会、中华全国青年联合会、中华全国工商业联合会、中国科学技术协会、中华全国台湾同胞联谊会、中华全国归国华侨联合会、文化艺术界、科学技术界、社会科学界、经济界、农业界、教育界、体育界、新闻出版界、医药卫生界、对外友好界、社会福利和社会保障界、少数民族、宗教界、特邀香港人士、特邀澳门人士、特别邀请人士。

地方政协界别的设置，基本上参照全国政协的做法。

六、人民政协的组织机构及其工作机构

人民政协章程规定：中国人民政治协商会议设全国委员会和地方委员会。省、自治区、直辖市设中国人民政治协商会议的

省、自治区、直辖市委员会；自治州、设区的市、县、自治县、不设区的市和市辖区，凡有条件的地方，均可设立中国人民政治协商会议各该地方的地方委员会。中国人民政治协商会议全国委员会对地方委员会的关系和地方委员会对下级地方委员会的关系是指导关系。

全国委员会和各级地方委员会，设常务委员会主持会务，常务委员会由主席、副主席、秘书长和常务委员组成；主席、副主席、秘书长组成主席会议，处理常委会的重要日常工作。全国委员会和省、自治区、直辖市的地方委员会设立办公厅和若干专门委员会及其他工作机构。自治州、设区的市、县、自治县、不设区的市和市辖区的地方委员会的工作机构设置，按照当地实际情况和工作需要，由常务委员会决定。

七、新时代人民政协的任务和要求

习近平总书记在中央政协工作会议暨庆祝中国人民政治协商会议成立70周年大会上的讲话中指出，“我们必须把人民政协制度坚持好、把人民政协事业发展好，增强开展统一战线工作的责任担当，把更多的人团结在党的周围”。在新时代，加强和改进人民政协工作的总体要求是：“以新时代中国特色社会主义思想为指导，增强‘四个意识’、坚定‘四个自信’、做到‘两个维护’，把坚持和发展中国特色社会主义作为巩固共同思想政治基础的主轴，把服务实现‘两个一百年’奋斗目标作为工作主线，把加强思想政治引领、广泛凝聚共识作为中心环节，坚持团结和民主两大主题，提高政治协商、民主监督、参政议政水平，更好凝聚共识，担负起把党中央决策部署和对人民政协工作要求落实下去、把海内外中华儿女智慧和力量凝聚起来的政治责任，为决胜全面建成小康社会、进而全面建设社会主义现代化强国作出贡献。”

1. 加强党对人民政协工作的领导。中国共产党的领导是包括各民主党派、各团体、各民族、各阶层、各界人士在内的全体中国人民的共同选择，是成立政协时的初心所在，是人民政协事业发展进步的根本保证。要把坚持党的领导贯穿到政协全部工作之中，切实落实党中央对人民政协工作的各项要求。

2. 准确把握人民政协性质定位。人民政协作为统一战线的组织、多党合作和政治协商的机构、人民民主的重要实现形式，是社会主义协商民主的重要渠道和专门协商机构，是国家治理体系的重要组成部分，是具有中国特色的制度安排。人民政协要坚持性质定位，坚定不移走中国特色社会主义政治发展道路。

3. 发挥好人民政协专门协商机构作用。协商民主是实现党的领导的重要方式，是我国社会主义民主政治的特有形式和独特优势。要发挥好人民政协专门协商机构作用，把协商民主贯穿履行职能全过程，坚持发扬民主和增进团结相互贯通、建言资政和凝聚共识双向发力，积极围绕贯彻落实党和国家重要决策部署情况开展民主监督。

4. 坚持和完善我国新型政党制度。中国共产党领导的多党合作和政治协商制度是我国的一项基本政治制度，是从中国土壤中生长出来的新型政党制度，人民政协要为民主党派和无党派人士在政协更好发挥作用创造条件。

5. 广泛凝聚人心和力量。人民政协要发挥统一战线组织功能，坚持大团结大联合，坚持一致性和多样性统一，不断巩固共同思想政治基础，加强思想政治引领，广泛凝聚共识，努力寻求最大公约数、画出最大同心圆，汇聚起实现民族复兴的磅礴力量。

6. 聚焦党和国家中心任务履职尽责。人民政协要以实现第一个百年奋斗目标、向第二个百年奋斗目标迈进为履职方向，以促进解决好发展不平衡不充分的问题为工作重点，紧紧围绕大局，瞄准抓重点、补短板、强弱项的重要问题，深入协商集中议政，强化监督助推落实。

7. 坚持人民政协为人民。人民政协要把不断满足人民对美好生活的需要、促进民生改善作为重要着力点，倾听群众呼声，反映群众愿望，抓住民生领域实际问题做好工作，协助党和政府增进人民福祉。

8. 以改革创新精神推进履职能力建设。人民政协要坚持改革创新，着力增强政治把握能力、调查研究能力、联系群众能力、合作共事能力。要加强委员队伍建设，教育引导委员懂政协、会协商、善议政，守纪律、讲规矩、重品行。

八、新时代人民政协工作的重要原则

习近平总书记在庆祝中国人民政治协商会议成立 65 周年大会上的讲话中，深刻总结人民政协的丰富实践经验，确立了新时代人民政协工作的重要原则。

必须坚持中国共产党的领导。中国共产党的领导是包括各民主党派、各团体、各民族、各阶层、各界人士在内的全体中国人民的共同选择，是中国特色社会主义最本质的特征，也是人民政协事业发展进步的根本保证。人民政协事业要沿着正确方向发展，就必须毫不动摇坚持中国共产党的领导。

必须坚持人民政协的性质定位。人民政协是统一战线的组织，是多党合作和政治协商的机构，是人民民主的重要实现形式，体现了中国特色社会主义制度的鲜明特点。人民政协要在依照宪法法律和政协章程准确定位的基础上，大力推进自身各项工作和各项事业不断向前发展。

必须坚持大团结大联合。大团结大联合是统一战线的本质要求，是人民政协组织的重要特征。人民政协要坚持在热爱中华人民共和国、拥护中国共产党的领导、拥护社会主义事业、共同致力于实现中华民族伟大复兴的政治基础上，最大限度调动一切积极因素，团结一切可以团结的人，汇聚起共襄伟业的强大力量。

必须坚持发扬社会主义民主。人民民主是社会主义的生命。人民政协是人民民主的重要形式。人民政协要适应推进国家治理体系和治理能力现代化的要求，坚持改革创新精神，推进人民政协理论创新、制度创新、工作创新，丰富民主形式，畅通民主渠道，有效组织各党派、各团体、各民族、各阶层、各界人士共商国是，推动实现广泛有效的人民民主。

九、加强人民政协协商民主建设的指导思想和重要原则

人民政协协商民主是在中国共产党领导下，参加人民政协的各党派团体、各族各界人士履行政治协商、民主监督、参政议政职能，围绕改革发展稳定重大问题和涉及群众切身利益的实际问题，在决策之前和决策实施之中广泛协商、凝聚共识的重要民主形式。

加强人民政协协商民主建设的指导思想：高举中国特色社会主义伟大旗帜，以马克思列宁主义、毛泽东思想、邓小平理论、“三个代表”重要思想、科学发展观、习近平新时代中国特色社会主义思想为指导，坚持围绕协调推进“四个全面”战略布局，坚持、发展和完善中国共产党领导的多党合作和政治协商制度，坚持团结和民主两大主题，把协商民主贯穿履行职能全过程，重点推进政治协商、民主监督、参政议政制度化、规范化、程序化，拓展协商内容、丰富协商形式、规范协商程序、增加协商密度、提高协商成效，广泛凝聚各党派团体、各族各界人士的智慧和力量，为实现“两个一百年”奋斗目标、实现中华民族伟大复兴的中国梦作出更大贡献。

加强人民政协协商民主建设的重要原则：必须坚持党的领导，坚定不移走中国特色社会主义政治发展道路；坚持宪法和政协章程确定的人民政协性质定位，始终围绕中心、服务大局；坚持协商于决策之前和决策实施之中，切实提高协商实效；坚持民主协商、平等议事、求同存异、体谅包容，努力营造良好协商氛围。

十、提高政协协商能力

社会主义协商民主是中国社会主义民主政治的特有形式和独特优势，是中国共产党的群众路线在政治领域的重要体现。人民政协是协商民主的重要渠道和专门协商机构，在促进社会主义协商民主广泛、多层、制度化发展中发挥优势作用，最基本的就是提高政协协商能力。

1. 提高政治把握能力。完善政协常务委员会会议和主席会议学习制度，组织委员专题学习研讨。加强委员对党的路线方针政策和宪法法律的学习，在履行职责的实践中，提高运用科学理论分析判断形势，运用法治思维和法治方式研究解决问题的能力和水平，坚定理想信念，增进政治认同。

2. 提高调查研究能力。坚持问题导向，重视调查研究，制定加强和改进调研工作实施办法。视察和专题调研课题应与政协年度协商计划和政协重点工作相衔接，由主席会议或主席办公会议统筹审定。优化调研队伍构成，采取集中调研、分散调研、蹲点调研等形式摸清真实情况。加强对调研成果的研究论证。加强人民政协智库建设，整合各级政协组织、政协委员等各方面智力资源，发挥中国经济社会理事会、中国宗教界和平委员会、中国人民政协理论研究会作用。

3. 提高联系群众能力。坚持党的群众路线，建立健全社情民意表达和汇集分析机制，畅通和拓宽各界群众的利益诉求表达渠道，积极反映社情民意。修订政协反映社情民意信息工作条例。密切政协各专门委员会与人民团体等界别的联系，积极组织委员参与协商、视察、调研等活动，及时向有关部门反映其提供的相关信息和意见建议。有条件的地方可推广委员联系点、委员网上信箱等联系群众的新形式。委员应主动向群众宣传党的路线方针政策，解疑释惑，引导群众理性有序合法表达诉求。

4. 提高合作共事能力。完善工作机制，搭建更多平台，加强政协组织与党委统战部门的沟通协调，为民主党派委员和无党派人士委员在政协履行职能、协商议政、发挥作用创造条件。建立政协主席、副主席联系各界别委员制度。强化政协开展统战工作的职责要求。政协委员中的共产党员和政协机关中的共产党员应广交、深交党外朋友。在工作中既增进对党的路线方针政策的共识，又包容不同意见的存在和表达，提高合作共事的质量和水平。

十一、双周座谈协商会

党的十八大以来，在探索建立和完善政协协商机制中，人民政协认真落实内部选题机制、全国和地方政协协商制定年度协商计划机制，着力创新协商载体、增加协商密度、提高协商实效，逐步形成以全体会议为龙头、以专题议政性常委会和专题协商会为重点、以双周座谈协商会为常态的协商议政格局。

双周座谈协商会源于新中国成立初期。1950 年 3 月，参加政协的各民主党派、无党派人士联合发起建立了双周座谈会制度，即以参加政协全国委员会的中国共产党、各民主党派、各人民团体所推选的代表以及政协全国委员会常务委员为主体，每两周举行一次时事政治座谈会，以沟通思想和交换意见。到 1966 年 7 月，全国政协共举行双周座谈会 114 次，对发扬民主、加强和改善党的领导、促进党和国家科学民主决策、协商统一战线内部关系起了重要作用。

为适应推进协商民主新形势，十二届全国政协对历史上“双周座谈会”加以继承发展，创立了“双周协商座谈会”。增加“协商”二字，更加突出了协商民主的意涵，体现了与时俱进。双周协商座谈会，每年召开 20 次左右，参加者主要是全国政协领导和有关部门负责人，政协委员及少数特邀专家学者，一半为非中共委员。会议提前设定议题，做到一会一议。坚持平等协商，鼓励讲真话、进诤言，鼓励不同意见的充分表达，不回避有争议的话题。会后，政协办公厅将会议达成的共识和反映的意见建议归纳整理，以《政协信息》报送有关党和国家领导人、有关部门负责人参阅。目前，双周协商座谈会已经成为新时代人民政协沟通思想、增进共识、协商关系、凝心聚力的常态化协商平台。

十二、完善建言资政和凝聚共识“双向发力”的制度机制

完善建言资政和凝聚共识“双向发力”的制度、程序和机制，把思想政治工作引领落实到履职工作各方面和全过程。这是对统一战线政治属性和功能作用的深刻揭示，是贯彻落实习近平总书记关于加强和改进人民政协工作重要思想的重要举措，也是人民政协在新时代履职尽责的使命担当。

完善建言资政和凝聚共识“双向发力”的制度机制，一方面要畅通渠道、完善机制，创新形式、提高质量，引导各界委员有序表达意见诉求，积极建言资政；另一方面要协助党和政府多做解疑释惑、宣传政策、凝聚共识、汇聚力量、理顺情绪、化解矛盾的工作，最大限度统一思想、凝心聚力。

在工作实践中，要把中共中央的决策部署和对政协工作的要求落实下去，把海内外中华儿女致力于实现中华民族伟大复兴中国梦的智慧和力量凝聚起来；寓思想政治教育于视察调研、协商活动、双向交流之中，推动协商议政与学习教育双向融合、双向发力。

十三、政协委员的产生

政协委员以协商推荐的方式产生。《中国共产党统一战线工

作条例（试行）》规定："各级政协委员人选推荐工作应当坚持广泛协商，党内的由组织部门提名，党外的由统战部门提名，其中的民主党派成员、非公有制经济人士应当在提名前与民主党派、工商联协商，继续提名的各界别政协委员应当听取政协党组意见。建议名单由统战部门汇总并征求有关方面意见后，由组织部门报同级党委审定，然后按《中国人民政治协商会议章程》规定的程序办理。"

政协委员的产生大体经过四个步骤。第一，提出推荐委员建议人选。各党派、各人民团体、各界人士、各地各部门等方方面面协商提出推荐政协委员建议人选；第二，协商确定建议名单。对各方面提出的建议人选汇总，并由统战部门同各民主党派、人民团体及各推荐方面反复协商，综合平衡，达成共识，继续提名的听取政协党组意见，形成政协委员建议名单，报党委审定；第三，政协常务委员会协商决定。政协委员建议名单提交政协常务委员会进行协商，最后由常务委员会对建议名单进行表决；第四，公布。经常务委员会议通过的委员，由政协办公厅（或办公室）分别通知推荐单位和个人，向委员发委员证书，并通过新闻媒介向社会公布。

政协常委与政协正副主席、秘书长，则需要在政协大会上由政协委员选举产生。

十四、发挥政协委员的主体作用

习近平总书记在庆祝中国人民政治协商会议 65 周年纪念大会讲话中指出，"政协委员是政协工作的主体"，要求"尊重和保障委员民主权利，完善委员联络制度，健全委员联络机构，为委员履职尽责创造良好条件”。殷切希望政协委员“珍惜自身荣誉，恪守宪法法律，自觉践行社会主义核心价值观，锤炼道德品行，改进工作作风，切实发挥本职工作中的带头作用，界别群众中的代表作用”。2015 年 3 月，在看望参加全国政协十二届三次会议的民革、台盟、台联委员，参加联组会听取意见建议时，习近平总书记又要求政协委员，“勇于担当责任、着力提高能力素质、保持良好形象、增强委员意识，懂政协、会协商、善议政，做到建言建在需要时、议政议到点子上、监督监在关键处”。2019 年 9 月，在中央政协工作会议暨庆祝中国人民政治协商会议成立 70 周年大会上的讲话中又强调，“广大政协委员要坚持为国履职、为民尽责的情怀，把事业放在心上，把责任扛在肩上，认真履行委员职责”。根据习近平总书记的要求，政协委员要从四个方面积极发挥主体作用。

1. 遵守章程的模范作用。政协委员要认真学习政协章程，明确政协团结奋斗的共同政治基础，明确政协的性质、地位和作用，明确政协委员的权利、义务和要求，明确政协活动有关规定和纪律，使其成为履职尽责的政治准则和行为规范。要把政协章程的有关要求，落实到增强政协意识之中，落实到巩固和维护共同的政治基础之中，落实到履行各项职能之中，落实到遵守和执行政协会议决议的行动之中。

2. 本职工作的带头作用。本职工作是政协委员的起点，也是履行职能的支点。要在本职工作上有作为、当模范，发挥带头作用，干一行、专一行、精一行，在爱岗敬业中有建树、有造诣、有创新，在政协履职尽责中更具有责任感、高水平和影响力。

3. 界别群众的代表作用。政协委员在政协往往以个体履行职能，但代表的绝不仅仅是个人。要有群众意识，心系群众、服务群众。要保持经常性联系，及时了解和把握群众的思想脉搏和利益诉求。要精准反映，通过发言、建议、提案等多种方式，真正实现民意输入和政策输出。要把人民整体利益与界别群体利益结合起来，着眼整体利益反映和维护群体利益，通过实现群体利益促进和发展整体利益。

4. 履行职能的专长作用。委员的专业特长，构成了人民政协庞大的人才库和智力源，奠定了人民政协履行职能的独特优势。要把发挥专长作用，贯穿和体现到履行职能全过程，落实到参加政协的各项工作之中，在政治、法治、经济、教育、科学技术、文化艺术、新闻出版、医药卫生、体育、环境等方面开展调查研究等活动，提出高质量的意见建议，提高政协工作的整体水平。

十五、学习贯彻习近平总书记关于加强和改进人民政协工作的重要思想

党的十八大以来，习近平总书记就加强和改进人民政协工作提出一系列新思想新观点新论断，凝结着坚持好、发展好人民政协制度的深邃理论思考，是党的人民政协理论的最新成果。习近平总书记关于加强和改进人民政协工作的重要思想，深刻阐明了人民政协的地位作用、目标任务、职责使命、实践要求，科学回答了一系列方向性、全局性、战略性重大问题，是指引新时代人民政协工作的强大思想武器。

习近平总书记关于加强和改进人民政协工作的重要思想内容十分丰富，主要包括：坚持中国共产党对人民政协的领导，坚持人民政协的性质定位，聚焦党和国家中心任务履职尽责，紧扣保

障和改善民生献计出力，发挥社会主义协商民主的重要渠道和专门协商机构作用，加强和改进政协民主监督工作，广泛凝聚实现中华民族伟大复兴的正能量，大力加强履职能力建设。特别是首次提出人民政协是社会主义协商民主的重要渠道和专门协商机构，是国家治理体系的重要组成部分，是具有中国特色的制度安排，首次阐明新型政党制度的特点和优势，着重强调正确处理一致性和多样性的关系，深刻揭示了人民民主的真谛在于有事好商量、众人的事情由众人商量，揭示了“中国之治”同中国政治制度的逻辑联系，是重要的理论和实践创新，对新时代人民政协职能作用发挥具有重大而深远的意义。

学习贯彻习近平总书记关于加强和改进人民政协工作的重要思想，要把握其重大意义、丰富内涵和精神实质，切实在学懂弄通做实上下功夫，以理论学习、思想武装促进政协工作质量提升，切实担负起新时代人民政协的新使命。要以理论学习研讨为契机，进一步查找政协工作的薄弱环节和不足之处，在加强和改进上下功夫、求突破。要全面加强政协系统党的建设，确保党中央决策部署不折不扣贯彻到政协工作中。要加强思想政治引领，完善建言资政和凝聚共识“双向发力”的制度、程序和机制，把思想政治引领落实到履职工作各方面和全过程。要聚焦中心任务履职尽责，更好服从服务党和国家大局，提高建言资政质量，增强履职实效。要加强政协自身建设，抓好委员和干部教育培训，发挥专委会基础性作用，夯实政协履职基础。要加强对地方政协工作指导，把方向、做示范、解难题，提升政协工作整体水平。

第十四章　加强党对统一战线工作的领导

一、坚持党对统一战线的领导

统一战线是党领导的统一战线。坚持党的领导，是新时代统一战线巩固发展的根本政治保证，也是统一战线的根本原则和方式方法。习近平总书记指出，“掌握规律、坚持原则、讲究方法，最根本的是要坚持党的领导”。

要把握领导的性质。党对统一战线的领导是政治领导，即政治原则、政治方向和重大方针政策的领导，是通过民主协商和党员模范作用实现的。主要体现为党委领导而不是部门领导，是集体领导而不是个人领导。

要明确领导的责任。统战工作是各级党委必须做好的分内事、必须种好的责任田。各地区各部门各单位党委（党组）主要负责人为统一战线工作第一责任人，并按照《中国共产党统一战线条例（试行）》要求，履行好七个方面的职责。

要健全党对统一战线领导的体制。中央和县级以上地方党委设置统战部。统一战线工作任务重的乡（镇、街道）党组织应当明确专人负责统一战线工作。统一战线工作任务重的中央和省市两级党委派出机构，统一战线工作任务重的高等学校、科研院所党委，应当设置统一战线工作机构；统一战线工作任务重的大型国有企业党委应当明确机构和人员负责统一战线工作。有关人民团体应当明确相关机构负责统一战线工作。省委统战部部长一般由同级党委常委担任，市、县两级党委统战部部长一般由同级党委常委担任或兼任。民族、宗教工作部门主要负责人具备条件的，可以担任同级党委统战部副部长。

要推动形成大统战工作格局。民主党派工作、党外知识分子工作、非公有制经济人士工作、民族工作、宗教工作、港澳工作、对台工作、侨务工作，都是党的统战工作的重要组成部分。要集中优化配置资源，形成党委统一领导下，统战部牵头协调、各有关方面各负其责的大统战工作格局。成立统一战线工作领导小组，对统一战线贯彻落实中央重大方针、政策、法律法规情况进行研究、协调指导和督促检查。

二、全党共同做统一战线工作

统一战线工作具有战略性、全局性，工作范围广，是特殊的群众工作，涉及民主党派、无党派人士、党外知识分子、非公有制经济人士、新的社会阶层、出国和归国留学人员、民族、宗教、台湾同胞、港澳同胞、海外侨胞和一切爱国力量，涉及政治、经济、文化、社会等各领域各方面。习近平总书记明确指出，“统战工作是全党的工作，必须全党重视，大家共同来做”。

全党重视、共同做好统战工作，是党的优良传统和基本经验。毛泽东说过，统战工作是最大的工作。邓小平指出：“统战工作是全党各部门的工作，如果不使每个干部、每个党员都懂得这一点，这项工作是做不好的。”江泽民提出：“如果没有全党的重视和支持，这项工作是做不好的。”胡锦涛强调：“各级党委一定要把统一战线工作作为事关党和国家工作全局的重要工作，加强组织领导，纳入重要议事日程，着力研究解决重大问题。”正是在革命、建设和改革不同历史时期，全党重视、共同做好统战工作，统一战线才发挥了不可替代的重要作用。

各级党委和领导同志要率先垂范，带头做统战工作。各级党委主要负责人要熟悉本地区民主党派组织负责人和有影响的党外知识分子、非公有制经济人士等，每年总要找一些人谈谈心，或到有些单位走访一下。对那些有影响、有个性的党外人士，各级党委主要负责人要主动做好工作。党委（党组）领导班子成员应当带头学习宣传和贯彻落实党的统一战线理论、方针、政策和法律法规，带头参加统一战线重要活动，带头广交深交党外朋友。

党委各有关部门要各司其职，积极贯彻落实统一战线的方针政策。各级人大、政府、政协、司法机关和党组织，要搞好与党外人士合作共事。工会、共青团、妇联等人民团体，要结合自身特点开展统战工作。

三、中央和地方各级党委开展统一战线工作的职责

《中国共产党统一战线工作条例（试行）》对中央和地方各级党委开展统一战线工作的主要职责作了明确规定，主要是：

1. 将统一战线工作纳入重要议事日程，定期专题研究重大问题；2. 制定和贯彻统一战线方针政策，推动与统一战线相关的法律法规的制定，督促检查统一战线方针政策和相关法律法规的落实情况，把统一战线工作作为对党委领导班子和领导干部考核的内容；3. 组织开展统一战线理论、政策的研究、宣传和教

育，把统一战线工作纳入宣传工作计划，把统一战线理论、政策纳入各级党校、行政学院、干部学院、社会主义学院教学内容，把统一战线知识纳入国民教育内容；4. 加强对人大、政府、政协、司法机关、有关人民团体中统一战线工作的领导；5. 发现、培养、使用、管理党外代表人士，尊重、维护和照顾同盟者利益；6. 落实中央关于统一战线工作部门和统战干部队伍建设的要求；7. 向上级党委报告统一战线工作。

四、加强基层统战工作

基层统战工作主要是指县及县以下单位，包括乡镇、街道、社区、机关、学校、国有企业、非公有制企业、科研院所和医疗卫生等单位的统战工作。基层统战工作是整个统战工作的基础。随着我国经济社会的发展，统战工作逐渐由大中城市向基层延伸，特别是新型工业化、城镇化、信息化、农业现代化的协同推进，少数民族流动人口服务管理问题、宗教方面的许多重点难点问题，主要集中在城市社区和乡村。非公有制经济已经占到县域经济总量70%以上，有的超过90%。一些经济发达的区县吸引了一批新的社会阶层人士和海外留学人员。基层统战工作在整个统一战线中的基础地位更加凸显。

基层统战工作的主要任务和要求。县级统战工作要以民族、宗教、非公有制经济人士和党外知识分子工作为重点，一方面要适应城镇化进程的推进和少数民族群众流动的加快，抓好涉及民族、宗教因素的维护和谐稳定工作；另一方面要抓好非公有制经济人士工作，把促进非公有制经济健康发展和非公有制经济人士健康成长，作为非公有制经济领域统战工作的主题；社区统战工作要以新的社会阶层人士工作为重点，进一步强化社区党组织的统战工作职能，把做好新的社会阶层人士教育引导工作作为党建工作的重要内容，认真贯彻落实党的统一战线方针政策，充分发挥社区在团结凝聚新的社会阶层人士中的作用；高校、科研院所和国有大中型企业统战工作要以党外知识分子工作为重点，按照培养、吸引和用好人才的要求，积极探索和建立相应的载体和渠道，为党外知识分子从事教育、科研等工作创造条件，帮助他们解决实际困难和问题，有针对性地加强教育引导。

加强基层统战工作，首先要解决思想认识问题。采取有力措施，切实解决一些地方对基层统战工作重视不够，存在的“冷”“弱”“散”现象，下大力纠正基层统战工作边缘化、空心化等问题；二是要解决力量薄弱问题。落实《中国共产党统一战线工作条例（试行）》要求，统战工作任务重的乡（镇、街道）党组织，应当明确专人负责统战工作，加大对基层统战工作的支持力度，帮助解决办公场所、经费保障等方面的实际困难，为开展工作创造有利条件；三是要解决重点难点问题。着力抓好涉及民族、宗教因素的维护和谐稳定工作，着力抓好非公有制经济和非公有制经济人士鼓励支持和教育引导工作，着力促进基层协商，探索有效方式，培养代表人士，为促进村民自治和乡村治理作出积极贡献。

五、发挥统战部的职能作用

统战部是党委主管统一战线工作的职能部门。早在 1950 年，周恩来就将统战部主要职能概括为“了解情况、掌握政策、调整关系、安排人事”。1951 年 3 月，党中央转发了中央统战部《关于各级统一战线工作部门的业务和组织机构的建议》，明确“统一战线工作部是各级党委的重要工作部门之一，其任务是在统一战线方面协助党委了解情况，掌握政策，安排人事，调整关系”。2015 年，习近平总书记在中央统战工作会议讲话中，根据新时代统一战线的形势任务，对统战部的职能进行了丰富和拓展，强调：“统战部是党委统战工作的参谋机构、组织协调机构、具体执行机构、督促检查机构，担负着了解情况、掌握政策、协调关系、安排人事、增进共识、加强团结等重要职能。”

《中国共产党统一战线工作条例（试行）》具体明确了统战部的九项职责：1. 调查研究统一战线的理论、政策和法律法规，向党委全面反映统一战线情况，提出开展统一战线工作的意见和建议，组织协调统一战线政策和法律法规的贯彻落实，检查执行情况，协调统一战线各方面关系。2. 负责联系民主党派，牵头协调无党派人士工作，研究贯彻做好民主党派和无党派人士工作的方针政策，支持民主党派和无党派人士履行职责、发挥作用，支持、帮助民主党派和无党派人士加强自身建设。3. 调查研究党外知识分子的情况，反映意见，协调关系，提出政策建议，联系党外知识分子代表人士。4. 调查研究民族、宗教工作的理论、方针、政策和法律法规，牵头协调检查落实情况，做好重要工作和重大问题的处理，协调开展马克思主义民族观、宗教观和相关理论、政策的宣传教育，联系少数民族和宗教界的代表人士，会同有关部门做好少数民族干部培养和举荐工作。5. 调查研究非公有制经济人士的情况，协调关系，提出政策建议，团结、服务、引导、教育非公有制经济人士，开展思想政治工作。6. 开展港澳台海外统一战线工作，联系香港、澳门、台湾和海外有关党派、团体及代表人士，会同有关部门对香港、澳门地区统一战线工作方针政策和法律法规进行调查研究，做好台胞、台属有关工作。7. 负责党外代表人士在人大、政协安排的有关工作，会同有关部门做好安排党外代表人士担任政府和司法机关等领导职务的工作，做好党外代表人士和后备干部队伍建设工作，协助民主党派做好干部管理工作，反映和解决党外代表人士工作生活中的实际困难。8. 指导下级党委统一战线工作，协助管理下级党委统战部部长，负责下级统战部负责人培训工作；协调政府有关部门统一战线工作，协助做好民族、宗教等工作部门领导班子成员推荐工作；领导工商联党组，指导工商联工作；做好有关统战团体管理工作。中央统战部领导中央社会主义学院党组，指导中央社会主义学院工作。9. 负责开展统一战线宣传工作。

新时代发挥统战部职能作用，就是要立足参谋机构、组织协调机构、具体执行机构、督促检查机构，切实履行好了解情况、掌握政策、协调关系、安排人事、增进共识、加强团结的职责。了解情况，就是深入调查研究，及时全面准确掌握统一战线各领域代表人士和工作情况，发现和抓住苗头性、倾向性和全局性问题；掌握政策，就是认真学习、准确把握和贯彻落实中央关于统一战线的方针政策，注意发现和解决实践中的问题，并就完善和制定政策提出意见建议；协调关系，就是正确协调处理政党关系、民族关系、宗教关系、阶层关系、海内外同胞关系，促进政治社会和谐稳定；安排人事，就是做好党外代表人士的发现、培养、使用和管理工作，搞好合作共事；增进共识，就是加强对民主党派、无党派人士等党外代表人士的教育引导，不断巩固多党合作和统一战线的思想政治基础；加强团结，就是正确处理一致性和多样性关系，找到最大公约数，画出最大同心圆，广泛团结海内外中华儿女，为实现中华民族伟大复兴中国梦而奋斗。

六、强化统战部干部队伍建设

统战干部是党的干部队伍的重要组成部分，是做好统一战线工作的主体力量。习近平总书记在中央统战工作会议上对统战干部的能力素质提出明确要求，概括起来就是“政治坚定、业务精通、作风过硬”。这是党在新时代着眼巩固和发展最广泛的爱国统一战线，为实现党的初心和使命凝聚人心、共识、智慧和力量的历史任务，对统战干部能力素质提出的更高标准和更严要求，为新时代加强统战干部队伍建设进一步明确了方向和重点。

政治坚定，就是要严格遵守党的政治纪律和政治规矩，善于从政治上观察和处理问题，具有正确的政治方向、坚毅的政治定力、敏锐的政治鉴别力，坚定“四个自信”，做到“两个维护”，自觉同以习近平同志为核心的党中央保持高度一致。

业务精通，就是要全面掌握党的统一战线理论和方针政策，精通统一战线历史，掌握统战工作方式方法，广泛学习各方面知识，善于处理各种复杂敏感问题，努力把握统一战线的特点规律，真正成为行家里手。

作风过硬，就是要自觉遵守中央八项规定和加强廉政建设的要求，自觉学习和践行“三严三实”要求，做到不忘初心、牢记使命，诚恳谦和、平等待人、廉洁奉公，对党外人士待之以诚、动之以情、晓之以理、助之以实，真正赢得党外人士的尊重和信任。

七、深入开展统一战线理论政策研究

统一战线是一门科学。理论政策是实践的升华、工作的指导。回顾历史，统一战线每一次重大发展，统战工作每一项重大突破，都建立在理论政策创新和发展的基础之上。《中国共产党统一战线工作条例（试行)》，把“调查研究统一战线的理论、政策和法律法规”作为统战部的重要职能。进入中国特色社会主义新时代，建设什么样的统一战线、怎样建设新时代统一战线，是当前和今后一个时期的研究主题。要深刻理解和把握“新时代统一战线”的指导思想、主要特征、基本任务、原则方法等，努力取得理论政策研究的新突破，不断提升做好新时代统战工作的能力水平。

要着眼时代发展，加强理论政策研究。面对当今世界日新月异的不断变化和国内改革发展的繁重任务，面对统一战线工作领域的不断拓展，统战理论政策研究只有走在时代的前列，体现时代特征，才能站得更高，看得更远，切实增强工作的预见性。要准确把握当代马克思主义理论研究的新进展，准确把握国际局势的新变化，准确把握国内改革发展的新形势，准确把握统一战线自身发展的新要求，在世情、国情、党情和统情的发展变化中找准方位，不断开拓统战理论政策研究的新境界。

要立足工作实践，加强理论政策研究。只有坚持从实践中来到实践中去，理论政策研究才能永葆生机与活力；只有坚持贴近决策、服务决策、促进决策，理论政策研究才有价值。新时代统一战线事业发展面临着许多新情况、新问题，需要靠统战理论政策研究来解答，许多新思想、新观念需要靠统战理论政策研究来阐明，许多新思路、新实践需要靠统战理论政策研究来开拓。统一战线理论政策研究必须始终围绕党和国家的中心工作，紧扣统一战线工作实际，善于从实践中发现问题、研究问题，善于把实践中创造的新鲜经验升华为理论成果，善于到实践中检验和完善研究成果，使理论政策研究更好地为实际工作服务。

要注重兼容并蓄，加强理论政策研究。统一战线工作涉及方方面面，与其他领域相互交叉、相互交融，具有很强的综合性。只有博采众长，善于借鉴和吸收其他学科的研究方法和研究成果，统一战线理论政策研究才能更好地体现科学性、把握规律性。同时，要注重以史资政、以史育人，充分发挥统一战线历史研究“经世致用”的作用，加紧整理和深入研究统一战线历史资料，特别是要从老前辈、老同志那里挖掘“活的史料”，从前人那里寻找智慧、获得启迪。

要整合各方资源，加强理论政策研究。要继续加强统战理论政策研究基地建设，积极组织、协调好党内与党外、统战系统内与统战系统外、理论工作者与实际工作者、专职人员与兼职人员、中青年同志与离退休老同志等各方面的力量，不断壮大、优化研究队伍。要适应统一战线工作日益社会化的趋势，建立健全以统战部门为主体、以研究课题为纽带、以组织推动为手段、以社会力量为依托的开放式、多层次、社会化的理论政策研究工作机制，做到资源共享、优势互补、形成合力，不断拓展统战理论政策研究的广度和深度，以理论政策创新推动统战工作实践的创新。

八、做好统一战线宣传工作

新时代统一战线宣传工作，必须以邓小平理论、“三个代表”重要思想、科学发展观、习近平新时代中国特色社会主义思想为指导，立足“五位一体”总体布局和“四个全面”战略布局，深入宣传党的统一战线理论、方针、政策，宣传中国共产党领导的多党合作和政治协商制度，宣传统一战线的新成就、新经验和新风貌，增强统战意识和正确的舆论导向，扩大社会影响，营造良好的统战环境，为巩固壮大新时代最广泛的爱国统一战线，提供强大的精神动力、思想保证和舆论支持。

1. 建立健全统战宣传的工作机制。内部机构要完整，人员要到位，根据形势发展需要不断调整，使之能够适应统战工作的需要和统战任务的完成；外部协调机制要健全，严格宣传制度和宣传纪律，增强统战宣传的有效性。

2. 进一步丰富统战宣传内容。结合重大事件、重点人物和热点问题，进一步加大统战宣传的广度、深度和力度。在注重统一战线理论政策新成果宣传的同时，搞好统一战线重要会议和重大活动的宣传，突出新闻性、时效性和指导性；利用党和国家重大纪念日，各民主党派、工商联和统战团体的重大纪念日，各少数民族自治区周年纪念日，统一战线代表人物的诞辰纪念日，统一战线工作取得重要成果等时机，抓好深度报道和专题宣传；积极策划组织宣传活动，通过举办报告会、知识讲座、培训班等形式，以及编辑宣传材料、画册，制作光盘、摄制影视片等宣传品，广泛普及统一战线知识，宣传统战工作新成就、新面貌、新气象。

3. 进一步创新统战宣传手段。积极探索新思路、新途径、新办法，在充分利用好报刊、广播、电视等传统媒体基础上，努力把握以互联网为主的新型多媒体信息传播技术，创新宣传手段，开辟专版、专栏，制作专题节目，拍摄影视片等，以灵活多样的方式，多渠道、多形式、多角度、全方位宣传和展示新时代统一战线的新气象、新贡献、新成就，赋予新时代统战工作以蓬勃生机和活力。

4. 不断壮大统战宣传队伍。完善统战宣传人员考核选拔制度，严把入口关，真正把优秀人才充实到统战宣传队伍之中，培养一支作风过硬、素质优良、业务精湛的统战宣传队伍。完善教育培训制度，定期培训、分级培训，努力提高统战宣传人员的素质。建立和完善奖惩机制，对坚持正确导向、恪守职业道德、在统战宣传实践中作出突出贡献的人员要大力表彰、给予奖励，对违背职业道德、违规违纪的人员要严肃查处，努力形成平等竞争、争先创优、鼓励先进、鞭策后进的良好氛围。

编　后

进入中国特色社会主义新时代，党的统一战线面临新的形势任务，处在新的历史方位，担负着重要责任和使命。党的十八大以来，习近平总书记对统一战线工作高度重视，着眼“五位一体”总体布局和“四个全面”战略布局，坚持和发展中国特色社会主义，实现中华民族伟大复兴中国梦，对巩固发展最广泛的爱国统一战线作了一系列重要论述，形成了习近平总书记关于加强和改进统一战线工作的重要思想，为新时代统一战线的创新发展和作用发挥提供了根本遵循。

统一战线工作是全党的工作，既需要广大党政干部积极开展，也需要社会各方面成员广泛参与、共同推进。为了帮助大家全面、准确、系统学习习近平总书记关于加强和改进统一战线工作的重要思想，了解把握统一战线基本知识、理论政策和方式方法，我们根据习近平总书记的重要论述和中共中央有关文件精神，组织编写了《新时代统一战线知识简明读本》。

编写过程中，借鉴吸取了有关部门和专家学者的研究成果；编写完成后，中央统战部宣传办请有关部门和专家审阅了书稿，提出宝贵意见；华文出版社给予大力支持，责任编辑付出很大心血。在此一并感谢！

本书编写组

2020 年 1 月